高等学校"十二五"规划教材

机械设计制造及其自动化系列

DIANXING ZHUANYONG
JINSHU QIEXUE DAOJU
SHEJI SHILI JINGXUAN

典型专用金属切削刀具设计实例精选

● 韩荣第　主编

哈尔滨工业大学出版社

内容简介

本书主要介绍了常用的几种典型专用刀具——硬质合金可转位外圆车刀与端面车刀、成形车刀、圆孔拉刀及蜗轮滚刀的设计原理、设计计算步骤与过程及刀具设计实例、工作图画法,还介绍了相应新的国家标准,以及刀具设计常用的相关资料。本书尽量采用最新国家标准,包括制图标准和专业标准。

本书层次清晰,语言精炼,图文并茂,是从事刀具设计人员的首选。

图书在版编目(CIP)数据

典型专用金属切削刀具设计实例精选/韩荣第主编.
—哈尔滨:哈尔滨工业大学出版社,2014.7
(机械设计制造及其自动化系列)
ISBN 978-7-5603-4819-3

Ⅰ.①典… Ⅱ.①韩… Ⅲ.①刀具(金属切削)—设计—高等学校—教材 Ⅳ.①TG710.2

中国版本图书馆 CIP 数据核字(2014)第 146955 号

策划编辑	王桂芝
责任编辑	范业婷
出版发行	哈尔滨工业大学出版社
社　　址	哈尔滨市南岗区复华四道街 10 号　邮编 150006
传　　真	0451-86414749
网　　址	http://hitpress.hit.edu.cn
印　　刷	黑龙江省地质测绘印制中心印刷厂
开　　本	787mm×1092mm　1/16　印张 9.5　总字数 214 千字
版　　次	2014 年 7 月第 1 版　2014 年 7 月第 1 次印刷
书　　号	ISBN 978-7-5603-4819-3
定　　价	28.00 元

(如因印装质量问题影响阅读,我社负责调换)

前　言

生产中使用的金属切削刀具分为两类：一类是通用刀具，如麻花钻头、各种铣刀（成形铣刀除外）、铰刀、丝锥、板牙及各种齿轮刀具；另一类是专用刀具，其切削刃廓形是根据工件廓形专门设计的（如成形车刀、成形铣刀、拉刀与蜗轮滚刀等），或几何参数是针对某种工件材料及加工性质（粗、精加工）专门设计的（如可转位车刀与可转位铣刀等）。

可转位车刀的几何角度是由具有固定几何角度的刀片与刀杆上的刀槽组合而成的，只有刀槽的几何角度不同时才能组合成具有不同几何角度的可转位车刀，以满足不同工件材料、不同加工性质的需要，因此从这个意义上讲，可认为可转位车刀是专用的。

成形车刀的切削刃是根据工件的廓形专门设计的，是专用的。

圆孔拉刀是根据工件孔的尺寸及其加工精度和表面粗糙度、孔的长度、工件材料、所用拉床等条件专门设计的，条件发生改变，拉刀就不能使用了。

蜗轮滚刀与齿轮滚刀不同，它的基本蜗杆是与被加工蜗轮啮合的工作蜗杆，工作蜗杆的类型与参数变化了，蜗轮滚刀就不同了，即蜗轮滚刀与基本蜗杆是一一对应的关系。

通用刀具可在市场上购置，而专用刀具则不能，使用者必须根据工件材料或工件廓形自行设计或向工具制造厂特殊订购。鉴于近年有关刀具设计方面的参考书较少，作者积累47年教学科研的实践及指导刀具课程设计的经验，特将可转位车刀（外圆、端面）、成形车刀、圆孔拉刀及蜗轮滚刀等的设计实例编写成本书，以供从事刀具设计人员和机械工程类学生做刀具设计练习时参考。

本书尽量采用最新国家标准，包括专业标准和制图标准；既讲设计原理，又讲设计方法、步骤及设计实例，做到图文并茂、语言精炼、层次清晰。

因篇幅限制，不能把"金属切削原理与刀具"及相关课程内容一一赘述，望理解与谅解。

全书共分4章：第1章为可转位外圆车刀与端面车刀设计，第2章为成形车刀设计，由韩荣第、高胜东和王辉编写；第3章为圆孔拉刀设计，由韩荣第、崔伯第和曲存景编写；第4章为蜗轮滚刀设计，由韩荣第编写；附录由崔伯第和韩荣第编写。全书由韩荣第统稿、定稿。

由于作者水平所限，疏漏和不当之处在所难免，恳望读者指正。

作　者

2014年1月

于哈尔滨

目 录

第1章 可转位外圆车刀与端面车刀设计 1
   1.1 可转位车刀的典型刀片夹固结构 1
   1.2 硬质合金可转位刀片的型号和基本参数 2
   1.3 硬质合金可转位刀片与刀垫的选择 33
   1.4 硬质合金可转位车刀刀杆的确定 37
   1.5 刀片夹固元件的设计和计算 38
   1.6 硬质合金可转位外圆车刀设计举例 40
   1.7 硬质合金可转位端面车刀设计举例 50
   1.8 可转位车刀设计图选 51
   1.9 可转位车刀设计题选 66
   思考题 67

第2章 成形车刀设计 69
   2.1 成形车刀的结构尺寸 69
   2.2 成形车刀的前角和后角 74
   2.3 成形车刀的样板 75
   2.4 成形车刀的技术条件 76
   2.5 成形车刀的刀夹 77
   2.6 成形车刀的廓形设计计算与举例 78
   2.7 成形车刀设计题选 85
   思考题 90

第3章 圆孔拉刀设计 92
   3.1 圆孔拉刀工作部分设计 92
   3.2 圆孔拉刀其他部分设计 99
   3.3 圆孔拉刀强度及拉床拉力校验 101
   3.4 圆孔拉刀技术条件 103
   3.5 圆孔拉刀设计举例 104
   3.6 圆孔拉刀设计题选 107
   思考题 108

第4章 蜗轮滚刀设计 109
   4.1 蜗轮滚刀的结构形式及尺寸 109
   4.2 蜗轮滚刀的主要技术条件 117
   4.3 阿基米德蜗轮滚刀设计举例 120
   4.4 蜗轮滚刀设计题选 127
   思考题 132

附录 133

参考文献 144

第1章 可转位外圆车刀与端面车刀设计

1.1 可转位车刀的典型刀片夹固结构

可转位车刀的典型刀片夹固结构有偏心式、杠杆式、杠销式、楔销式、上压式和拉垫式等,结构简图和特点见表1.1。

表1.1 可转位车刀的典型刀片夹固结构简图和特点

名称	结构简图	特点	名称	结构简图	特点
偏心式		结构简单、紧凑,夹固元件少,占位小,制造容易,成本低,不阻碍切屑流动,适合中、小型车床上连续切削 缺点:刀片往往只能有一个侧面靠紧刀槽的侧定位面,使用螺钉偏心销时,只有向下旋转才能夹固刀片	楔销式		结构较简单,夹紧力大,夹固可靠,刀尖位置精度高,操作方便,不阻碍切屑流动,便于观察切削区工作情况 缺点:夹紧力与切削抗力的方向相反
杠杆式		结构紧凑,定位精确,受力合理,夹固可靠,能实现刀片两侧面靠紧刀槽的两个侧定位面,操作方便,切屑流动不受阻碍 缺点:夹固元件较多,制造工艺性较差,成本较高,只适合于专业厂生产	上压式		结构较简单,夹紧力大,夹固可靠,刀片的转位和装卸方便,刀片在刀槽内能两面靠紧,可获得较高的刀尖位置精度 缺点:夹固元件有时会阻碍切屑流动,易被擦伤

续表 1.1

名称	结构简图	特点	名称	结构简图	特点
杠销式		结构简单、紧凑,夹固可靠,操作方便。刀片定位精度较高,夹固元件对切屑流动无阻碍,可承受冲击力。适合于中小型机床使用	拉垫式		结构简单,夹固形式合理,夹紧力与切削抗力方向一致,夹固可靠,可承受冲击力,刀垫厚度较大、刚性好,强度高。夹固元件较少,且工艺性较好,切屑流动无阻碍,便于工厂自行制造

1.2 硬质合金可转位刀片的型号和基本参数

1.2.1 切削刀具用可转位刀片型号表示规则

国家推荐标准《切削刀具用可转位刀片型号表示规则》(GB/T 2076—2007)中规定:可转位刀片的型号由按一定顺序位置排列、代表一定意义的英文字母或阿拉伯数字的 9 个代号组成,这 9 个代号表征了刀片的尺寸及其他特性。GB 2076—80 和 GB 2076—87 中曾规定第 10 位代号为断屑槽形式与宽度,GB/T 2076—2007 中取消了这一位,改由制造商加以说明。本书给出了断屑槽形式与宽度的旧国家标准 GB 2076—87,供参考。

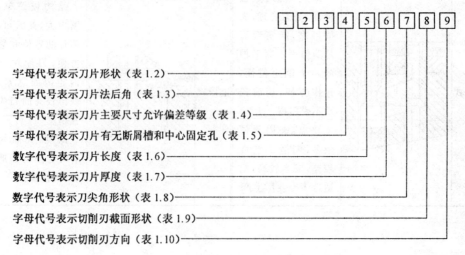

表 1.2 表示刀片形状的字母代号

刀片形状类别	代号	形状说明	刀尖角 ε_{rb}	示意图
Ⅰ 等边等角	H	正六边形	120°	
	O	正八边形	135°	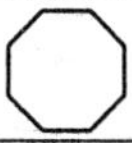
	P	正五边形	108°	
	S	正方形	90°	
	T	正三角形	60°	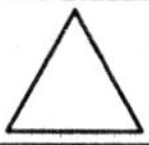
Ⅱ 等边不等角	C	菱形	80°[a]	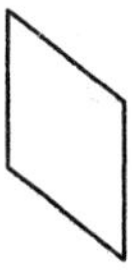
	D		55°[a]	
	E		75°[a]	
	M		86°[a]	
	V		35°[a]	
	W	等边不等角六边形	80°[a]	
Ⅲ 等角不等边	L	矩形	90°	
Ⅳ 不等边不等角	A	平行四边形	85°[a]	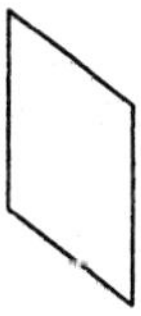
	B		82°[a]	
	K		55°[a]	
	F	不等边不等角六边形	82°[a]	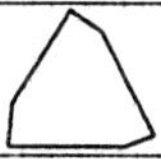
Ⅴ 圆形	R	圆形	—	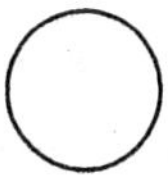

注:[a] 所示角度是指较小的角度

表1.3 表示刀片法后角的字母及角度值

示意图	代号	法后角
	A	3°
	B	5°
	C	7°
	D	15°
	E	20°
	F	25°
	G	30°
	N	0°
	P	11°
	O	其他需专门说明的法后角

表1.4 表示刀片主要尺寸允许偏差等级的字母代号

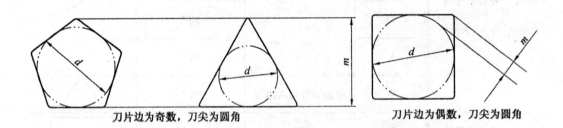

刀片边为奇数,刀尖为圆角　　　　刀片边为偶数,刀尖为圆角

mm

偏差等级代号		d	m	s
G		±0.025	±0.025	
M	12[a]	±0.08	±0.13	±0.13
	12.7			
	15.875	±0.1	±0.15	
	16[a]			
	19.05			
	20[a]			
	25[a]	±0.13	±0.18	
	25.4			
	31.75	±0.15	±0.2	
	32[a]			

续表1.4

U	12[a]	±0.13	±0.2	±0.13
	12.7			
	15.875	±0.18	±0.27	
	16[a]			
	19.05			
	20[a]			
	25[a]	±0.25	±0.38	
	25.4			
	31.75	±0.25	±0.38	
	32[a]			

刀片形状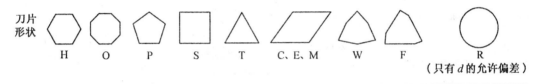
H　O　P　S　T　C、E、M　W　F　R（只有d的允许偏差）

注：[a] 只适用于圆形刀片

表1.5　表示刀片有无断屑槽和中心固定孔的字母代号

代号	固定方式	断屑槽[a]	示意图
N	无固定孔	无断屑槽	
R		单面有断屑槽	
F		双面有断屑槽	
A	有圆形固定孔	无断屑槽	
M		单面有断屑槽	
G		双面有断屑槽	

续表 1.5

代号	固定方式	断屑槽[a]	示意图
W	单面有 40°~60° 固定沉孔	无断屑槽	
T		单面有断屑槽	
Q	双面有 40°~60° 固定沉孔	无断屑槽	
U		双面有断屑槽	
B	单面有 70°~90° 固定沉孔	无断屑槽	
H		单面有断屑槽	
C	双面有 70°~90° 固定沉孔	无断屑槽	
J		双面有断屑槽	
X[b]	其他固定方式和断屑槽形式,需附图形或加以说明		—

注：[a] 断屑槽的说明见 GB/T 12204
[b] 不等边刀片通常在④号位用 X 表示,刀片宽度的测定(垂直于主切削刃或垂直于较长的边)以及刀片结构的特征需要予以说明。如果刀片形状没有列入①号位的表示范围,则此处不能用代号 X 表示

表 1.6 表示刀片长度的数字代号

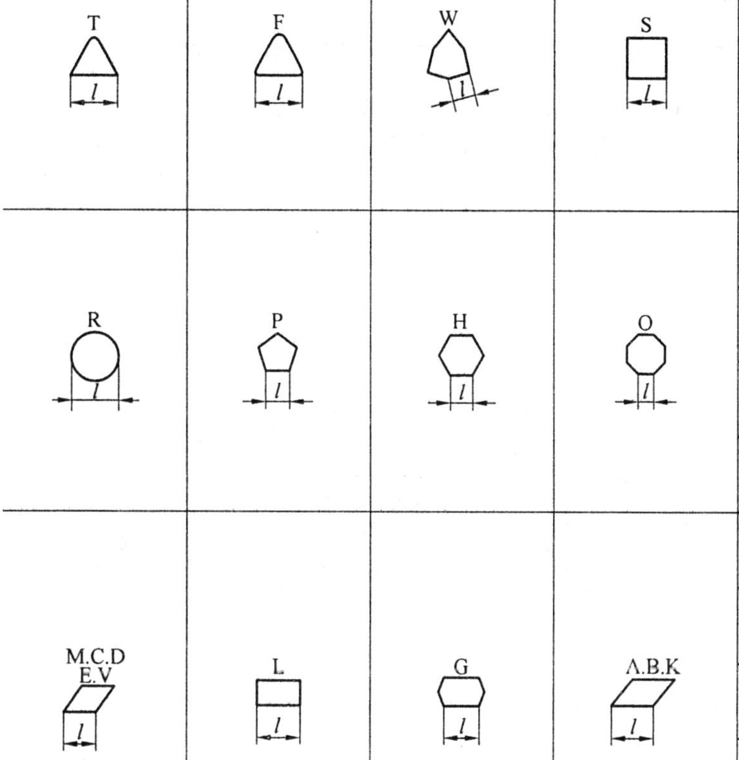

刀片示意图				长度尺寸/mm	代号
T	F	W	S	5.56	05
				6.0	06
				6.35	06
				7.94	07
R	P	H	O	8.0	08
				9.525	09
				10.0	10
				12.0	12
M.C.D E.V	L	G	A.B.K	12.7	12
				15.875	15
				16.0	16
				19.05	19
				20.0	20

表 1.7 表示刀片厚度的数字代号

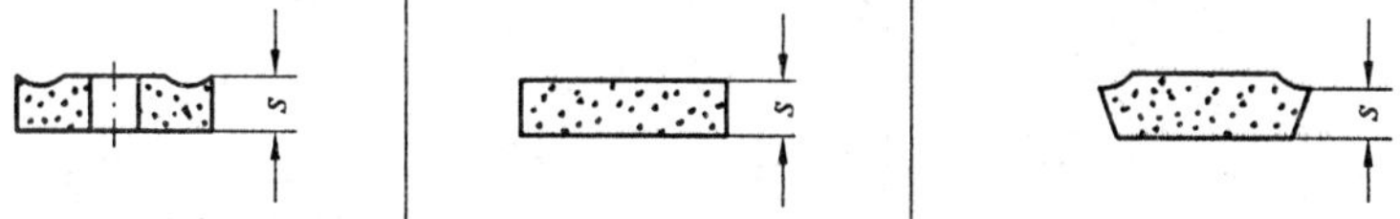

示意图										
s/mm	1.59	1.98	2.38	3.18	3.97	4.76	5.56	6.35	7.94	9.52
代号	01	T1	02	03	T3	04	05	06	07	09

表 1.8 表示刀尖角形状的数字代号

r_ε/mm	0.2	0.4	0.5	0.8	1.2	1.6	2.0	2.4	3.2
代号	02	04	05	08	12	16	20	24	32

表1.9 表示切削刃截面形状的的字母代号

示意图	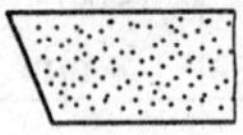	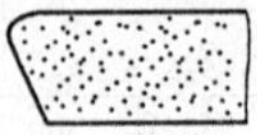	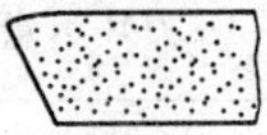	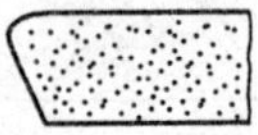
含义	尖刃	倒圆刃	倒棱	倒圆又倒棱
代号	F	E	T	S

表1.10 表示切削刃方向的字母代号

示意图	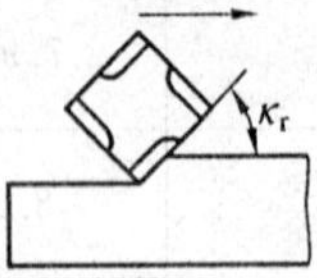	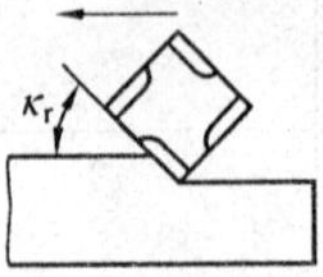	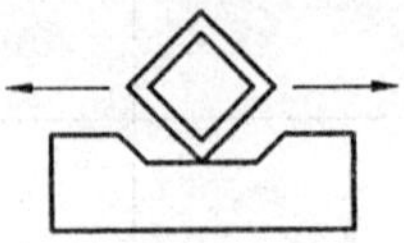
含义	右切	左切	双向
代号	R	L	N

表示刀片断屑槽形式与宽度的字母代号见表1.11。

表1.11 表示刀片断屑槽形式与宽度的字母代号(GB 2076—87,供参考)

断屑槽形式				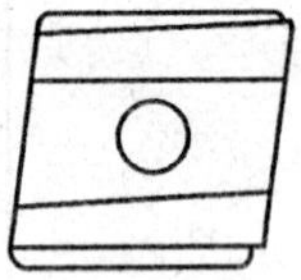
代号	A	Y	K	H
断屑槽形式	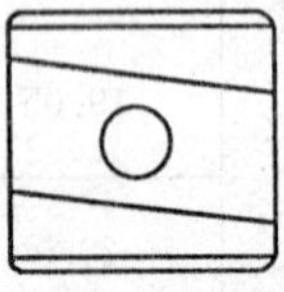		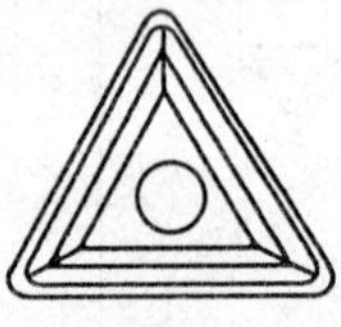	
代号	J	V	M	W
断屑槽形式				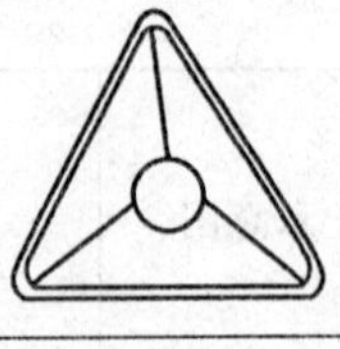
代号	U	P	B	G
断屑槽形式		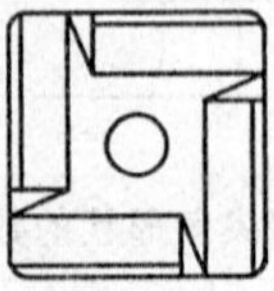	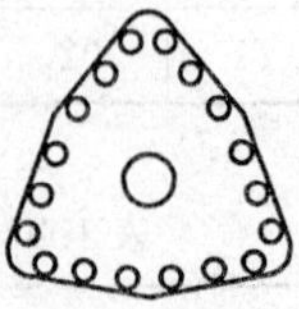	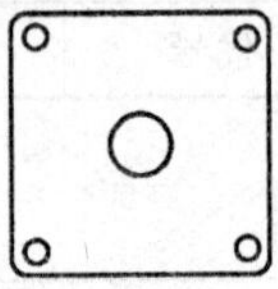
代号	C	Z	D	O

续表 1.11

断屑槽宽度的数字代号	用舍去小数位部分的宽度毫米数表示,例如:槽宽为 3.2~3.5 mm,则代号为 3。对前宽后窄或前窄后宽的断屑槽,其宽度均指刀刃开口端的宽度

1.2.2 硬质合金可转位刀片

国标 GB/T 2078—2007、GB/T 2080—2007 中分别规定了带圆角圆孔固定、带圆角沉孔固定可转位刀片尺寸及其允许偏差。刀片形状不同其尺寸及允许偏差不同,即便是刀片形状相同,其尺寸及允许偏差也不相同。

1. 正三角形刀片

带圆角圆孔固定的法后角 $\alpha_{nb}=0°$ 的正三角形刀片主要尺寸及允许偏差见表 1.12。

表 1.12 带圆角圆孔固定的法后角 $\alpha_{nb}=0°$ 的正三角形刀片主要尺寸及允许偏差

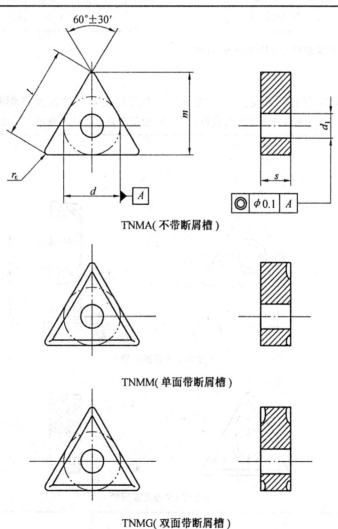

续表 1.12　　　　　　　　　　　　　　　　　　　　　　　　　　　　　　mm

刀片			$l\approx$	d^*	s^*	m^*	r_ε ±0.1	d_1 ±0.08
TNMA160404	TNMM160404	TNMG160404	16.5	9.525	4.76	13.891	0.4	3.81
TNMA160408	TNMM160408	TNMG160408				13.494	0.8	
TNMA160412	TNMM160412	TNMG160412				13.097	1.2	
TNMA220408	TNMM220408	TNMG220408	22	12.7	4.76	18.256	0.8	5.16
TNMA220412	TNMM220412	TNMG220412				17.859	1.2	
TNMA220416	TNMM220416	TNMG220416				17.463	1.6	
—	TNMM270612	—	27.5	15.875	6.35	22.622	1.2	6.35
—	TNMM270616	—				22.225	1.6	

注：* d、s、m 的允许偏差符合 GB/T 2076 的规定

带圆角沉孔固定的法后角 $\alpha_{nb}=7°$ 的正三角形刀片主要尺寸及允许偏差见表 1.13。

表 1.13　带圆角沉孔固定的法后角 $\alpha_{nb}=7°$ 的正三角形刀片主要尺寸及允许偏差

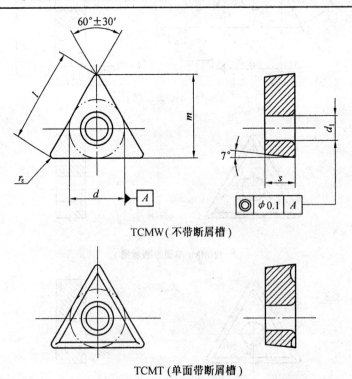

TCMW（不带断屑槽）

TCMT（单面带断屑槽）

续表 1.13　　　　　　　　　　　　　　　　　　　　　　mm

刀 片		$l\approx$	d^*	s^*	m^*	r_ε ±0.1	d_1 JS13
TCMW090204	TCMT090204	9.6	5.56		7.943	0.4	2.5
TCMW110202	TCMT110202	11	6.35	2.38	9.322	0.2	2.8
TCMW110204	TCMT110204				9.128	0.4	
TCMW130304	TCMT130304	13.6	7.94	3.18	11.51	0.4	3.4
TCMW130308	TCMT130308				11.113	0.8	
TCMW16T304	TCMT16T304	16.5	9.525	3.97	13.891	0.4	4.4
TCMW16T308	TCMT16T308				13.494	0.8	
TCMW16T312	TCMT16T312				13.097	1.2	
TCMW220404	TCMT220404	22	12.7	4.76	18.653	0.4	5.5
TCMW220408	TCMT220408				18.256	0.8	
TCMW220412	TCMT220412				17.859	1.2	
TCMW220416	TCMT220416				17.463	1.6	

注：* d、s、m 的允许偏差符合 GB/T 2076 的规定

带圆角沉孔固定的法后角 $\alpha_{nb}=11°$ 的正三角形刀片主要尺寸及允许偏差见表1.14。

表1.14 带圆角沉孔固定的法后角 $\alpha_{nb}=11°$ 的正三角形刀片主要尺寸及允许偏差

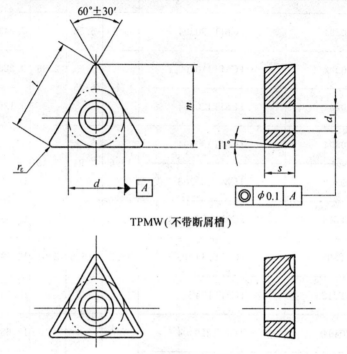

TPMW(不带断屑槽)

TPMT(单面带断屑槽)

mm

刀 片		$l\approx$	d^*	s^*	m^*	r_ε ±0.1	d_1 JS13
TPMW090202	TPMT090202	9.6	5.56	2.38	8.131	0.2	2.5
TPMW090204	TPMT090204				7.943	0.4	
TPMW110202	TPMT110202	11	6.35		9.322	0.2	2.8
TPMW110204	TPMT110204				9.128	0.4	
TPMW130304	TPMT130304	13.6	7.94	3.18	11.51	0.4	3.4
TPMW130308	TPMT130308				11.113	0.8	
TPMW16T304	TPMT16T304	16.5	9.525	3.97	13.891	0.4	4.4
TPMW16T308	TPMT16T308				13.494	0.8	

注：* d、s、m 的允许偏差符合 GB/T 2076 的规定

有断屑槽单面沉孔法后角 $\alpha_{nb}=0°$ 的正三角形刀片主要尺寸及允许偏差见表1.15。

表1.15 有断屑槽单面沉孔法后角 $\alpha_{nb}=0°$ 的正三角形刀片主要尺寸及允许偏差
（GB 2076—87 供参考）

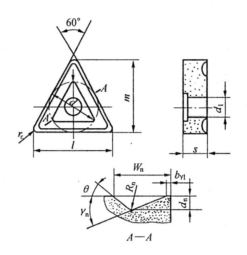

mm

型号	基本尺寸						参考尺寸					
	l	d	s	d_1	m	r_ε	W_n	d_n	R_n	γ_n	θ	$b_{\gamma 1}$
TNMM160404-V2	16.5	9.525	4.76	3.81	13.887	0.4	2	0.3	1.2	15° 20° 25°	40°	0.15
TNMM160408-V2					13.494	0.8						
TNMM220412-V3	22.0	12.70	4.76	5.19	18.256	0.8	3	0.5	1.6	15° 20° 25°	40°	0.2
TNMM220412-V3					17.859	1.2						
TNMM220416-V3					17.463	1.6						
TNMM270612-V4	27.5	15.875	6.35	6.35	22.612	1.2	4	0.65	2.0	15° 20° 25°	40°	0.3

2. 正方形刀片

带圆角圆孔固定的法后角 $\alpha_{nb}=0°$ 的正方形刀片主要尺寸及允许偏差见表 1.16。

表 1.16 带圆角圆孔固定的法后角 $\alpha_{nb}=0°$ 的正方形刀片主要尺寸及允许偏差

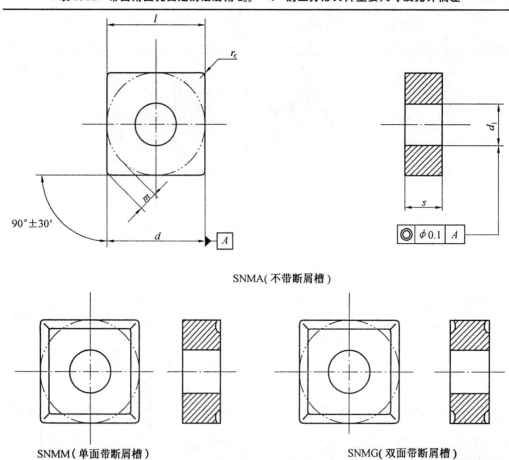

mm

刀片			d	s	m	r_ε ±0.1	d_1 ±0.08
—	SNMM090304	SNMG090304	9.525	3.18	1.808	0.4	3.81
—	SNMM090308	SNMG090308			1.644	0.8	
—	—	SNMG120404	12.7	4.76	2.466	0.4	5.16
SNMA120408	SNMM120408	SNMG120408			2.301	0.8	
SNMA120412	SNMM120412	SNMG120412			2.137	1.2	
—	SNMM150608	SNMG150608	15.875	6.35	2.959	0.8	6.35
—	SNMM150612	SNMG150612			2.759	1.2	

续表 1.16　　　　　　　　　　　　　　　　　mm

刀 片			d^*	s^*	m^*	r_ε ±0.1	d_1 ±0.08
SNMA190612	SNMM190612	SNMG190612	19.05	6.35	3.452	1.2	7.94
SNMA190616	SNMM190616	SNMG190616			3.288	1.6	
SNMA250724	SNMM250724	SNMG250724	25.4	7.94	4.274	2.4	9.12

注：* d、s、m 的允许偏差符合 GB/T 2076 的规定

带圆角沉孔固定的法后角 $\alpha_{nb}=7°$ 的正方形刀片主要尺寸及允许偏差见表 1.17。

表 1.17　带圆角沉孔固定的法后角 $\alpha_{nb}=7°$ 的正方形刀片主要尺寸及允许偏差

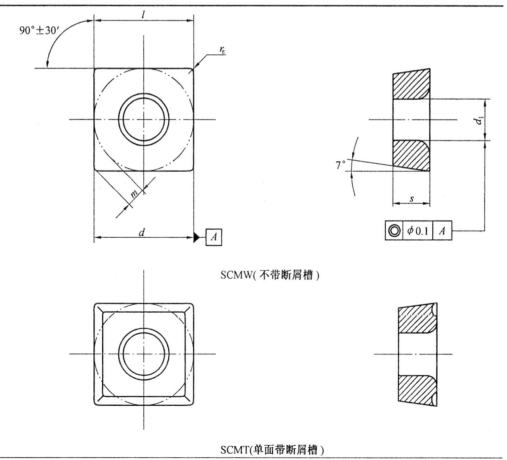

SCMW(不带断屑槽)

SCMT(单面带断屑槽)

续表 1.17　　　　　　　　　　　　　　　　　　　　　mm

刀	片	d^*	s^*	m^*	r_ϵ ±0.1	d_1 JS13
SCMW09T304	SCMT09T304	9.525	3.97	1.808	0.4	4.4
SCMW09T308	SCMT09T308			1.644	0.8	
SCMW120404	SCMT120404	12.7	4.76	2.466	0.4	5.5
SCMW120408	SCMT120408			2.301	0.8	
SCMW120412	SCMT120412			2.137	1.2	
SCMW150512	SCMT150512	15.875	5.56	2.795	1.2	5.5
SCMW150516	SCMT150516			2.63	1.6	
SCMW190612	SCMT190612	19.05	6.35	3.452	1.2	6.5
SCMW190616	SCMT190616			3.288	1.6	
SCMW190624	SCMT190624			2.959	2.4	

注：* d、s、m 的允许偏差符合 GB/T 2076 的规定

带圆角沉孔固定的法后角 $\alpha_{nb}=11°$ 的正方形刀片主要尺寸及允许偏差见表1.18。

表1.18 带圆角沉孔固定的法后角 $\alpha_{nb}=11°$ 的正方形刀片主要尺寸及允许偏差

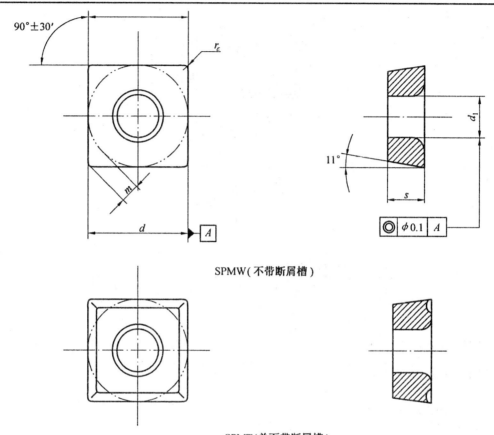

SPMW（不带断屑槽）

SPMT（单面带断屑槽）

mm

刀 片		d^*	s^*	m^*	r_ε ±0.1	d_1 JS13
SPMW090304	SPMT090304	9.525	3.97	1.808	0.4	4.4
SPMW090308	SPMT090308			1.644	0.8	
SPMW09T304	SPMT09T304	9.525	3.97	1.808	0.4	4.4
SPMW09T308	SPMT09T308			1.644	0.8	

注：* d、s、m 的允许偏差符合 GB/T 2076 的规定

有断屑槽单面沉孔法后角 $α_{nb}=0°$ 的正方形刀片主要尺寸及允许偏差见表1.19。

表 1.19　有断屑槽单面沉孔法后角 $α_{nb}=0°$ 的正方形刀片主要尺寸及允许偏差（GB 2076—87 供参考）

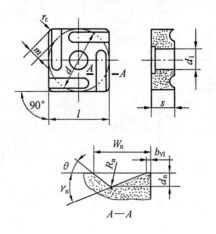

mm

型　号	基本尺寸					参考尺寸					
	$l=d$	s	d_1	m	$r_ε$	W_n	d_n	R_n	$γ_n$	$θ$	b_{r1}
SNUM090304—A2 SNMM090304—A2	9.525	3.18	3.81	1.889	0.4	2	0.3	1.2	15° 20° 25°	40°	0.15
SNUM120404—A3 SNMM120404—A3	12.70	4.76	5.16	2.464	0.4	3	0.5	1.6	15° 20° 25°	40°	0.2
SNUM120408—A3 SNMM120408—A3				2.301	0.8						
SNUM150604—A4 SNMM150604—A4	15.875	6.35	6.35	3.122	0.4	4	0.65	2.0	15° 20° 25°	40°	0.3
SNUM150608—A4 SNMM150608—A4				2.956	0.8						
SNUM150612—A4 SNMM150612—A4				2.790	1.2						
SNUM150620—A4 SNMM150620—A4				2.459	2.0						
SNUM190612—A5 SNMM190612—A5	19.05	6.35	7.93	3.452	1.2	5	0.8	2.4	15° 20° 25°	40°	0.4
SNUM190616—A5 SNMM190616—A5				3.288	1.6						

3. 无孔刀片

表1.20～表1.27给出了8种无孔硬质合金刀片（GB 2076—87）的基本尺寸及允许偏差。

表1.20 正三角形法后角 $α_{nb}=0°$ 无断屑槽刀片的基本尺寸及允许偏差

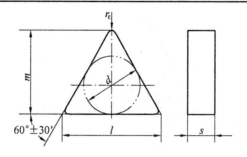

mm

型号	$l≈$	d 基本尺寸	d 允许偏差	s ±0.13	m 基本尺寸	m 允许偏差	$r_ε$ ±0.10
TNGN110304	11.0	6.35		3.18	9.128		0.4
TNGN160408	16.5	9.525	±0.025		13.494	±0.025	0.8
TNGN160412				4.76	13.097		1.2
TNGN220412	22.0	12.70			17.859		1.2

表1.21 正三角形法后角 $α_{nb}=11°$ 无断屑槽刀片的基本尺寸及允许偏差

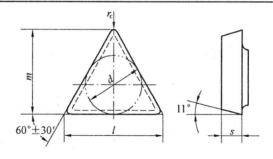

mm

型号	$l≈$	d 基本尺寸	d 允许偏差	s ±0.13	m 基本尺寸	m 允许偏差	$r_ε$ ±0.10
TPGN160308	16.5	9.525	±0.025	3.18	13.494	±0.025	0.8
TPGN160312					13.097		1.2
TPGN220412	22.0	12.70		4.76	17.859		1.2

表1.22 正三角形法后角 $\alpha_{nb}=11°$ 单面断屑槽刀片的基本尺寸及允许偏差

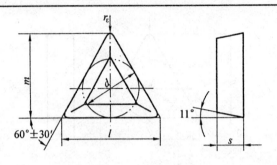

mm

型号	$l\approx$	d 基本尺寸	d 允许偏差	s ±0.13	m 基本尺寸	m 允许偏差	r_ε ±0.10
TPGR110204	11.0	6.35		2.38	9.128		0.4
TPGR160304	16.5	9.525	±0.025		13.887	±0.025	0.4
TPGR220304	22.0	12.70		3.18	18.650		0.4
TPGR220308					18.250		0.8

表1.23 正方形法后角 $\alpha_{nb}=0°$ 无断屑槽刀片的基本尺寸及允许偏差

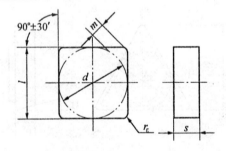

mm

型号	l=d 基本尺寸	l=d 允许偏差	s ±0.13	m 基本尺寸	m 允许偏差	r_ε ±0.1
SNGN090308	9.25		3.18	1.644		0.8
SNGN120408	12.70	±0.025		2.301	±0.025	0.8
SNGN120412			4.76	2.137		1.2
SNGN150412	15.875			2.791		1.2

表 1.24 正方形法后角 $\alpha_{nb}=11°$ 无断屑槽刀片的基本尺寸及允许偏差

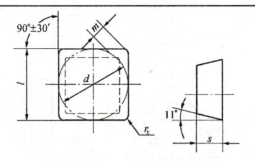

mm

型　号	$l=d$		s ± 0.13	m		r_ε ± 0.10
	基本尺寸	允许偏差		基本尺寸	允许偏差	
SPGN060308	6.35	±0.025	3.18	0.984	±0.025	0.8
SPGN090312	9.525			1.476		1.2
SPGN120308	12.70			2.301		0.8
SPGN120312				2.137		1.2

表 1.25 正方形法后角 $\alpha_{nb}=11°$ 单面断屑槽刀片的基本尺寸及允许偏差

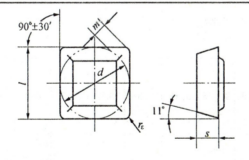

mm

型　号	$l=d$		s ± 0.13	m		r_ε ± 0.1
	基本尺寸	允许偏差		基本尺寸	允许偏差	
SPGR090304	9.525	±0.025	3.18	1.808	±0.025	0.4
SPGR090312				1.476		1.2
SPGR120304	12.70			2.464		0.4
SPGR120308				2.301		0.8
SPGR120312				2.133		1.2

表 1.26　正三角形法后角 $\alpha_{nb} = 11°$ V形断屑槽刀片的基本尺寸及允许偏差

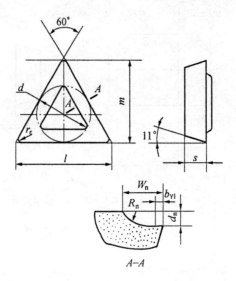

mm

型　号	基本尺寸					参考尺寸					
	l	d	s	m	r_ε	W_n	d_n	R_n	γ_n	θ	$b_{\gamma 1}$
TPGR 110204—V	11.0	6.35	2.26	9.128	0.4	1.5	0.3	0.3	—	—	0.1
TPGR 160304—V	16.5	9.525	3.18	13.887	0.4	1.5	0.4	0.4	—	—	0.1
TPGR 220304—V	22.0	12.70	3.18	18.256	0.4	1.8	0.4	0.4	—	—	0.3
TPGR 220308—V	22.0	12.70	3.18	18.256	0.8	1.8	0.4	0.4	—	—	0.3

表 1.27　正方形法后角 $\alpha_{nb}=11°$ V形断屑槽刀片的基本尺寸和参考尺寸

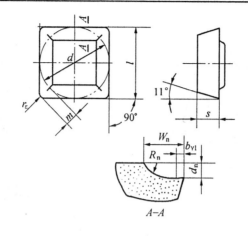

mm

型　号	基本尺寸					参考尺寸					
	l	d	s	m	r_ϵ	W_n	d_n	R_n	γ_n	θ	$b_{\gamma 1}$
SPGR 090304-V	9.525	9.525	3.18	1.080	0.4	1.5	0.3	2.5	—	—	0.1
SPGR 090312-V	9.525	9.525	3.18	1.476	1.2	1.5	0.3	2.5	—	—	0.1
SPGR 120304-V	12.70	12.70	3.18	2.464	0.4	1.8	0.4	3.0	—	—	0.3
SPGR 120312-V	12.70	12.70	3.18	2.133	1.2	1.8	0.4	3.0	—	—	0.3

4. 其他形状刀片

(1) 等边不等角刀片(凸三角形)见表 1.28、1.29。

(2) 不等边不等角刀片(偏 8°三角形)见表 1.30。

(3) 其他形状刀片(菱形、正五边形、正六边形、圆形)可参见相关资料。

表 1.28 等边不等角六边形 $\alpha_{nb}=0°$ 双面断屑槽刀片的基本尺寸(GB/T 2080—2007)

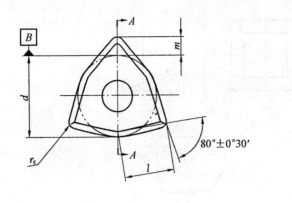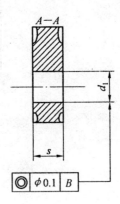

mm

刀片	$l\approx$	d^*	s^*	m^*	r_ε ±0.1	d_1 ±0.08
WNMG060404	6.5	9.525	4.76	2.426	0.4	3.81
WNMG060408				2.205	0.8	
WNMG080404	8.7	12.7	4.76	3.308	0.4	5.16
WNMG080408				3.087	0.8	
WNMG080412				2.867	1.2	

注：* d、s、m 的允许偏差符合 GB/T 2076 的规定

表 1.29 不等边不等角六边形 $\alpha_{nb}=7°$ 单面断屑槽刀片的基本尺寸(GB/T 2080—2007)

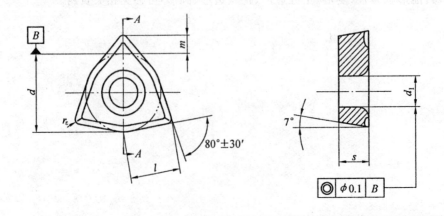

续表 1.29　　　　　　　　　　　　　　　　mm

刀片	$l\approx$	d^*	s^*	m^*	r_ε ±0.1	d_1 JS13
WCMTL3T102	3.26	4.76	1.98	1.21	0.2	2.15
WCMTL3T104				1.102	0.4	
WCMT030202	3.8	5.56	2.38	1.432	0.2	2.5
WCMT030204				1.324	0.4	
WCMT040202	4.34	6.35	2.38	1.651	0.2	2.8
WCMT040204				1.544	0.4	
WCMT050304	5.43	7.94	3.18	1.986	0.4	3.4
WCMT050308				1.765	0.8	
WCMT06T304	6.52	9.525	3.97	2.426	0.4	4.4
WCMT06T308				2.205	0.8	
WCMT080408	8.69	12.7	4.76	3.087	0.8	5.5
WCMT080412				2.867	1.2	

注：* d、s、m 的允许偏差符合 GB/T 2076 的规定

表 1.30 不等边不等角六边形 $\alpha_{nb} = 0°$ 单面沉孔 Y 形断屑槽刀片的基本尺寸和参考尺寸(GB 2076—87)

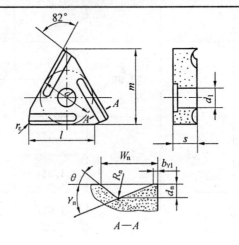

mm

型号	基本尺寸						参考尺寸					
	l	d	s	d_1	m	r_ε	W_n	d_n	R_n	γ_n	θ	$b_{\gamma 1}$
FNUM110402-Y4 FNMM110402-Y4	11	9.525	4.76	3.81	13.214	0.2	4	0.65	2.0	15° 20° 25°	40°	0.15
FNUM150404-Y5 FNMM150404-Y5	15	12.70	4.76	5.16	17.503	0.4	5	0.8	2.4	15° 20° 25°	40°	0.2
FNUM190608-Y6 FNMM190608-Y6	19	15.875	6.35	6.35	21.692	0.8	6	1.0	2.8	15° 20° 25°	40°	0.3

1.2.3 硬质合金刀垫及其参数

为了保护刀槽免受切削抗力及热冲击而损坏,可在刀片与刀槽间放置具有一定韧性的硬质合金刀垫,其形状和尺寸与刀片一一对应,尺寸稍小,已由制造商标准化、系列化。可参见相关资料(GB 2078—80)。

1. 刀垫的表示规则与参数

(1)刀垫型号表示规则。

表示刀垫形状的字母代号及表示刀垫边长的数字代号均与刀片相同。

表示刀垫内孔形式的字母代号:双面沉孔为 A,单面沉孔为 B。

表示刀垫法后角的字母代号与刀片相同。

如：

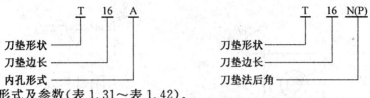

(2)刀垫形式及参数(表 1.31～表 1.42)。

表 1.31 正三角形双面沉孔刀垫

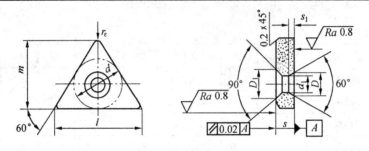

mm

型 号	d	$s\pm0.02$	m	$d_1\pm0.15$	l	r_ε	D	D_1	s_1
T16A	8.53	3.18	12.395	4.6	14.77	0.4	5.6	6.6	0.9
T22A	11.70	3.18	16.750	6.1	20.26	0.8	7.3	8.6	1.0
T27A	14.86	4.76	21.120	7.1	25.77	1.2	8.5	10.0	1.2

表 1.32 正三角形单面沉孔刀垫

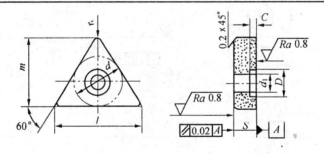

mm

型 号	d	$s\pm0.02$	m	$d_1\pm0.15$	l	r_ε	D	C
T16B	8.53	3.18	12.395	5.6	14.77	0.4	7	1.5
T22B	11.70	3.18	16.750	6.6	20.26	0.8	8	1.5
T27B	14.88	4.76	21.120	7.6	25.77	1.2	9	2.0

表 1.33 正方形双面沉孔刀垫

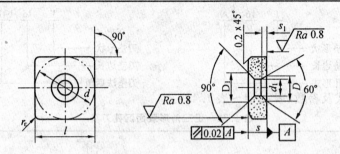

mm

型 号	d	$s\pm0.02$	$d_1\pm0.15$	l	r_ε	D	D_1	s_1
S09A	8.53	3.18	4.6	8.53	0.4	5.6	6.6	0.9
S12A	11.80	3.18	6.1	11.70	0.8	7.3	8.5	1.0
S15A	14.88	4.76	7.1	14.88	1.2	8.5	10.0	1.2
S19A	18.05	6.35	8.7	18.05	1.6	10.3	11.5	1.4
S22A	21.23	6.35	8.7	21.23	1.6	10.3	11.5	1.4
S25A	24.40	6.35	10.1	24.40	2.4	12.0	13.0	1.6

表 1.34 正方形单面沉孔刀垫

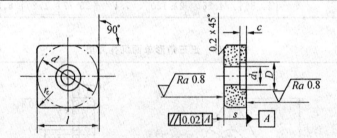

mm

型 号	d	$s\pm0.02$	$d_1\pm0.15$	l	r_ε	D	c
S09B	8.53	3.18	5.6	8.53	0.4	7	1.5
S12B	11.70	3.18	6.6	11.70	0.8	8	1.5
S15B	14.88	4.76	7.6	14.88	1.2	9	2.0
S19B	18.05	6.35	8.6	18.05	1.6	10	2.0
S22B	21.23	7.93	9.6	21.23	1.6	11	2.5
S25B	24.40	7.93	9.6	24.40	2.4	11	2.5

表1.35 不等边不等角六边形双面沉孔刀垫

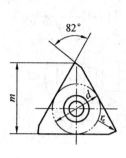
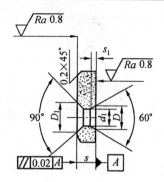

mm

型　号	d	$s\pm0.02$	m	$d_1\pm0.15$	r_ε	D	D_1	s_1
F11A	8.53	3.18	11.840	4.6	0.4	5.6	6.6	0.9
F15A	11.70	3.18	16.210	6.1	0.4	7.3	8.6	1.0
F19A	14.88	4.76	20.409	7.1	0.8	8.5	10.0	1.2
F23A	18.05	6.35	24.780	8.7	0.8	10.3	11.5	1.4
F27A	21.23	6.35	28.980	10.1	1.2	12.0	13.0	1.6

表1.36 不等边不等角六边形单面沉孔刀垫

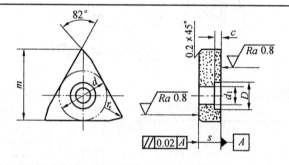

mm

型　号	d	$s\pm0.02$	m	$d_1\pm0.15$	r_ε	D	c
F11B	8.53	3.18	11.840	5.6	0.4	7	1.5
F15B	11.70	3.18	16.210	6.6	0.4	8	1.5
F19B	14.88	4.76	20.409	7.6	0.8	9	2.0
F23B	18.05	6.35	24.780	8.6	0.8	10	2.0
F27B	21.23	6.35	28.980	10.0	1.2	12	2.5

表 1.37 等边不等角六边形双面沉孔刀垫

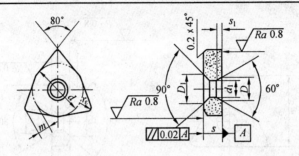

mm

型 号	d	$s\pm0.02$	m	$d_1\pm0.15$	r_ε	D	D_1	s_1
W08A	11.70	3.18	3.217	6.1	0.8	7.3	8.5	1.0
W10A	14.88	4.76	3.579	7.1	1.2	8.5	10.0	1.2
W13A	18.05	6.35	4.237	8.7	1.6	10.3	11.5	1.4

表 1.38 等边不等角六边形单面沉孔刀垫

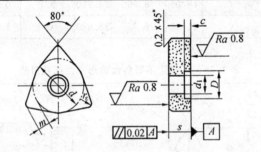

mm

型 号	d	$s\pm0.02$	m	$d_1\pm0.15$	r_ε	D	c
W08B	11.70	3.18	3.217	6.6	0.8	8	1.5
W10B	14.88	4.70	3.519	7.6	1.2	9	2.0
W13B	18.05	6.35	4.237	8.6	1.6	10	2.0

表1.39 正三角形 $\alpha_{nb} = 0°$ 单面沉孔刀垫

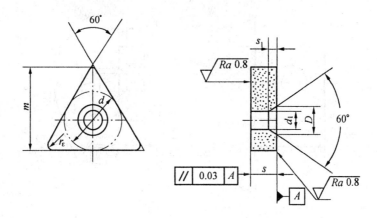

型 号	d	$s\pm 0.02$	m	$d_1 \pm 0.15$	r_ε	D	s_1
T11N	5.35	3.18	7.62	2.4	0.4	3.8	1.4
T16N	8.53	3.18	12.00	3.4	0.8	5.2	1.8
T22N	11.70	11.76	16.35	4.4	1.2	6.7	2.3

表1.40 正三角形 $\alpha_{nb} = 11°$ 单面沉孔刀垫

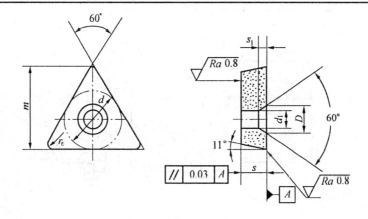

型 号	d	$s\pm 0.02$	m	$d_1 \pm 0.15$	r_ε	D	s_1
T16P	8.29	3.18	11.64	3.4	0.8	5.2	1.8
T22P	10.85	4.76	15.08	4.4	1.2	6.7	2.3
T27P	13.46	4.76	19.79	5.4	0.4	8.1	2.7

表 1.41 正方形 $\alpha_{nb} = 0°$ 单面沉孔刀垫

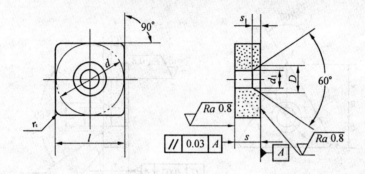

mm

型 号	$l=d$	$s\pm0.02$	$d_1\pm0.15$	r_ε	D	s_1
S06N	5.35	3.18	2.4	0.8	3.8	1.4
S09N	8.53	3.18	3.4	0.8	5.2	1.8
S12N	11.70	3.18	4.4	0.8	6.7	2.3
S15N	14.88	4.76	5.4	1.2	8.1	2.7
S19N	18.05	4.76	5.4	1.2	8.1	2.7

表 1.42 正方形 $\alpha_{nb} = 11°$ 单面沉孔刀垫

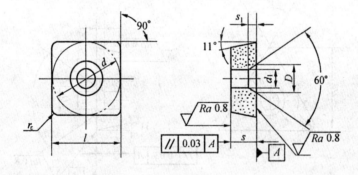

mm

型 号	$l=d$	$s\pm0.02$	$d_1\pm0.15$	r_ε	D	s_1
S09P	7.30	3.18	3.4	1.2	5.2	1.8
S12P	10.50	3.18	4.4	1.2	6.7	2.3
S15P	13.00	4.76	5.4	1.2	8.1	2.7
S19P	16.30	4.76	5.4	1.6	8.1	2.7

1.3 硬质合金可转位刀片与刀垫的选择

1. 刀片材料的选择

硬质合金可转位刀片材料的选择原则与普通硬质合金刀片材料的选择原则完全相同，即根据工件材料的物理力学性能来选择。

2. 刀片形状的选择

国家标准 GB/T 2076—2007 中规定的硬质合金可转位刀片形状有 17 种(表 1.2)，常用的是：正三角形、正方形、不等边不等角六边形(偏 8°三角形)、等边不等角六边形(凸三角形)等。刀片形状选择主要依据工件形状、加工性质(粗精加工)、使用寿命和刀片利用率等进行。

正三角形刀片的适用范围较广，90°外圆和端面车刀、90°镗孔刀均可采用。优点是：背向力小，宜于工艺系统刚度差时使用。缺点是：刀尖角较小($\varepsilon_{nb}=60°$)，刀尖强度较差，散热面积较小，使用寿命较短。为改进可选用不等边不等角六边形(偏 8°三角形)和等边不等角六边形(凸三角形)刀片，其刀尖角均比正三角形大，既可提高刀尖强度，又增加了散热面积，因而使用寿命也有提高。此外，用不等边不等角六边形(偏 8°三角形)刀片加工外圆时，还可减小已加工表面的残留面积高度，即减小表面粗糙度。

正方形刀片适用于主偏角为 45°、60°、75°的各种外圆车刀、端面车刀及镗孔刀，通用性好，刀尖角($\varepsilon_b=90°$)较大，刀尖强度较好，散热面积较大，可增加刀具使用寿命，故使用较普遍。

3. 刀片主要尺寸允许偏差等级的选择

车削用硬质合金可转位刀片的主要尺寸 d、m、s 的偏差等级有 U 级、M 级和 G 级三种，一般情况下选用 U 级，特殊要求时才选用 M 级和 G 级(表 1.4)。U、M 级与刀片形状、尺寸大小有关(表 1.4)。

4. 刀片基本尺寸的确定

(1)刀片长度(或内切圆直径)的确定。选择刀片长度(或内切圆直径)时，首先应根据背吃刀量 a_p、主偏角 κ_r 和刃倾角 λ_s 的大小，计算出主切削刃的工作长度 L_{se}，然后使刀片长度(边长)$l > 1.5 L_{se}$ 即可。

直线刃的工作长度 L_{se} 近似计算公式为

$$L_{se}=\frac{a_p}{\sin \kappa_r \cos \lambda_s} \tag{1.1}$$

不同形状刀片长度 l 与内切圆直径 d 的关系不同，可通过计算求得。如正方形刀片 $l=d$，正三角形刀片 $l=\sqrt{3}d$。

(2)刀片厚度的确定。刀片厚度应依保证刀片强度来选择。当被加工材料确定后，刀片所受切削抗力的大小主要取决于背吃刀量 a_p 和进给量 f。a_p 和 f 越大，切削抗力越大，应选用较厚刀片。

图 1.1 给出了根据 f 和 a_p 的大小选择刀片厚度 s 的诺模图。用法是：设选定的 $a_p=3$ mm 和 $f=0.6$ mm/r，将 a_p 线上的 3.0 和 f 线上的 0.6 两点连成虚线，该虚线与表示刀片

厚度 s 的斜线交于 M 点，则 M 点的数值即为所用刀片厚度 s 值。于是得到：当 $a_p=3$ mm 和 $f=0.6$ mm/r 时，无论连续切削还是断续切削，该点处于 3.0～4.8 之间，为可靠，选 $s \geqslant 4.8$ mm 即可。

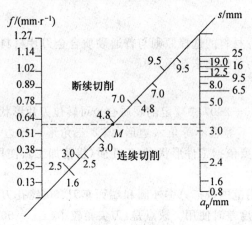

图 1.1　选择刀片厚度 s 的诺模图

(3)刀尖圆弧半径的确定。国标 GB/T 2076—2007 中规定刀尖圆弧半径可为 0.2 mm、0.4 mm、0.8 mm、1.2 mm、1.6 mm、2.0 mm、2.4 mm 和 3.2 mm。刀尖圆弧半径大，刀尖强度高，散热条件好，可提高刀具使用寿命，使表面粗糙度减小；但刀尖圆弧半径过大，将使背向抗力 F_p' 增大，易引起振动，加工质量变差，甚至造成刀片损坏或闷车。合适的刀尖圆弧半径 r_ε 可根据 f 和 a_p 的大小来选择。

对于粗加工车刀，根据 f 和 a_p 的大小来选择刀尖圆弧半径 r_ε，可参见诺模图(图 1.2)。用法是：设 $a_p=3$ mm 和 $f=0.6$ mm/r 已选定，将 a_p 线上的 3.0 和 f 线上的 0.6 两点连成虚线，该虚线与表示刀尖圆弧半径 r_ε 的线交于 N 点，则 N 点的数值即为所求刀尖圆弧半径 r_ε 值。于是得到：$a_p=3$ mm 和 $f=0.6$ mm/r，连续切削时的 $r_\varepsilon=1.2$ mm，断续切削时的 $r_\varepsilon=1.6$ mm (偏于安全)。

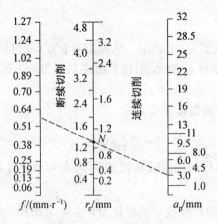

图 1.2　r_ε 选择的诺模图

5. 刀片断屑槽形式和尺寸的选择

(1)刀片断屑槽形式的选择。

国家标准 GB/T 2078、GB/T 2080—2007 中对硬质合金可转位刀片的断屑槽形式不再做规定,改由制造商依据具体情况予以说明。主要的截面形状可参见表 1.43,常用的是 A、H、Y、K 和 V 形。Y 和 K 型的截面形状与 A、H、V 形的截面形状类似,只是沿刃长上断屑槽宽度 W_n 与槽深度 d_n 是变化的。

表 1.43 断屑槽形式及选用

断屑槽形式	代号	断屑槽形特点	适用于刀片外形代号	应 用
	A	槽前后等宽,切削刃平行于基面,半槽	TNUM、TNMM WNUM、WNMM SNUM、SNMM PNUM、PNMM	断屑范围较窄
	Y	槽前宽后窄,切削刃平行于基面,半槽	FNUM、FNMM SNUM、SNMM	断屑范围比 A 型宽,切削较轻快,排屑流畅,切屑多呈螺卷屑
	K	槽前窄后宽,切削刃平行于基面,半槽	FNUM、FNMM SNUM、SNMM	断屑范围比 A 型宽,用于端面切削,断屑效果较好
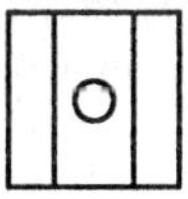	H	槽前后等宽,切削刃平行于基面,单面通槽	SNUM SNMM	主要用于正方形刀片,可采用较大切削用量
	J	槽前宽后窄,有刃倾角,单面通槽	SNUM SNMM	断屑范围比 H 型宽些
	C	槽前后等宽,有刃倾角,半槽	FNUM、FNMM SNUM、SNMM	切削平稳,系统刚度差的情况选择较好
	P	封闭槽,槽型截面特殊设计	SNUM、SNMM SNMG	断屑效果较好,排屑方向理想,不飞溅
	U	槽前宽后窄,弧形半槽	TNUM、TNMM SNUM、SNMM	带有正刃倾角,属于变截面槽型,断屑范围较宽

续表 1.43

断屑槽形式	代号	断屑槽形特点	适用于刀片外形代号	应用
	V	槽前后等宽,封闭型,转角处适当修形	TNUM、TNMM TNMG、TCMM WNUM、WNMM WNMG、WCMM SNUM、SNMM SNMG、SCMM PNUM、PNMM PNMG、CNUM CNMM、CNMG CCMM、DNMG DNMM、RNUM RNMM、RNMG RCMM	封闭型通槽,可用于外圆、端面、内孔车削,刀尖强度大,可用于较大切削用量的粗车
	M	槽前后等宽,不变截面,但分二级断屑槽,切削刃平行于基面,封闭槽	TNUM、TNMM TNMG、SNUM SNMM、SNMG	断屑范围比一般槽型宽。可用于切削用量变化较大的仿形车削
	W	槽前后等宽,不变截面,但分三级断屑槽,切削刃平行于基面,封闭槽	TNUM、TNMM TNMG、SNUM SNMM、SNMG	三级断屑槽型,断屑范围宽,但前角小,切削力较大,适用于刚性好的机床
	G	只有前角,无反屑角,向中心内凹,切削刃平行于基面	TNUM、TNMM SNUM、SNMM	适用于铸件等脆性材料加工
	D	沿切削刃有一串多半圆的凹坑	WNUM、WNMM	多应用于可转位钻头,断屑效果好
	O	刀尖处有一圆形凹坑	TNUM、TNMM TNMG、SNUM SNMM、NSMG	适用于外圆精车和半精车,断屑效果好

A、H、Y 和 K 形断屑槽属于开口式断屑槽,A、H、Y 形的前角可取 $\gamma_n = 10°、13°、15°、20°、23°$ 等,K 形常取 $\gamma_n = 15°$。它们的共同特点是:刃口锋利,切削抗力小,但刀尖强度较低,断屑范围较窄,多用于切削用量变化不大的情况。此外,A 和 H 形断屑槽产生的切屑大多卷向加工表面,断屑的背吃刀量范围较宽,适用于中碳钢的粗加工和半精加工。Y 形断屑

槽产生的切屑易于折断为 C 形或短螺卷形,便于清理,宜于中等切深加工。K 形断屑槽产生的切屑易于形成长卷屑而甩断,主要用于半精加工、精加工和端面切削。

V 形断屑槽属于封闭式断屑槽,刀尖强度好,左、右切削均可,适用广泛,但切削抗力大,断屑范围窄。

(2)断屑槽尺寸的选择。

断屑槽尺寸是与刀片型号和尺寸相对应的,可在制造商的资料说明中查到与刀片型号和尺寸相适应的断屑槽尺寸(表 1.15、表 1.19、表 1.26、表 1.27、表 1.30)。

6. 刀垫的选择

刀片制造商已根据刀片型号生产出了相应的刀垫,可查相关资料配套使用(表 1.31~1.42)。

1.4 硬质合金可转位车刀刀杆的确定

1. 刀杆材料的选择

为保证刀杆有足够强度,增加刀杆使用寿命,可采用中碳钢或合金钢,以 45 钢居多,经调质处理 38~45HRC 并发蓝以防生锈。

2. 刀杆截面尺寸的选择

刀杆的截面形状有圆形、正方形和矩形(高度 H 与宽度 B 之比常为 1.25、1.6 和 2),其截面形状与尺寸见表 1.44。

表 1.44 刀杆截面尺寸与长度 mm

圆形	正方形	矩形			长度
		两边长的近似比值			
		1.25	1.6	2	
d	$H \times B$	$H \times B$	$H \times B$	$H \times B$	L
6	6×6	6×5	6×4	6×3	
8	8×8	8×6	8×5	8×4	
10	10×10	10×8	10×6	10×5	90
12	12×12	12×10	12×8	12×6	100
16	16×16	16×12	16×10	16×8	110
20	20×20	20×16	20×12	20×10	125
25	25×25	25×20	25×16	25×12	140
32	32×32	32×25	32×20	32×16	170

续表 1.44

圆形	正方形	矩形 两边长的近似比值			长度
		1.25	1.6	2	
40	40×40	40×32	40×25	40×20	200
50	50×50	50×40	50×32	50×25	240
63	63×63	63×50	63×40	63×32	280

刀杆截面形状与尺寸的选择,通常与车床的中心高度、刀夹形式有关。建议优先采用圆形截面、正方形截面或选用 H/B 比值约为 1.6 的矩形截面,因为它们具有较高强度。按车床中心高选择刀杆截面形状与尺寸,参见表 1.45 及附表 9。

表 1.45 按车床中心高度选择刀杆截面形状与尺寸 mm

车床中心高度	150	180~200	260	300	350~400
刀杆截面尺寸 $B×H$	12×20	16×25 (20×25)	20×25 (20×30)	20×30	25×40

在背吃刀量和进给量不太大的情况下,按表 1.45 选用的刀杆截面尺寸可不必校验强度。但当背吃刀量和进给量较大时,有必要校验刀杆强度时的校验公式为

$$\frac{F_c l}{W_{bb}} \leqslant [\sigma_{bb}] \tag{1.2}$$

式中 F_c——主切削力,N;
  l——刀尖伸出长度,mm;
  W_{bb}——刀杆抗弯断面系数,mm³;
  $[\sigma_{bb}]$——许用弯曲应力。45 钢取 $[\sigma_{bb}] = 0.20 \sim 0.25$ GPa。

主切削力 F_c 可按切削力经验公式计算,即

$$F_c = k_c a_p f K_{F_c} \tag{1.3}$$

式中 k_c——单位切削力,N/mm²;
  a_p——背吃刀量,mm;
  f——进给量,mm/r;
  K_{F_c}——修正系数。

3. 刀杆长度的选择

选择刀杆长度时,应保证刀杆安装在刀架上至少有两个螺钉起紧固作用。

刀杆长度已标准化、系列化,常用的有 110 mm、125 mm、140 mm、170 mm、200 mm、240 mm、280 mm 等。

1.5 刀片夹固元件的设计和计算

刀片夹固元件应根据所选用刀片的夹固结构的需要与硬质合金可转位刀片的形状和尺

寸进行设计计算。此处以偏心式的刀片夹固结构为例,设计和计算偏心销及其相关尺寸。

1. 刀片夹固元件材料的选择

由于刀片夹固元件要经受交变应力的作用,故可采用 45 钢或 40Cr 钢,热处理 40～45HRC 并发蓝处理。

2. 偏心销直径和偏心量的选择

偏心式硬质合金可转位车刀的偏心销及其相关尺寸关系如图 1.3 所示。

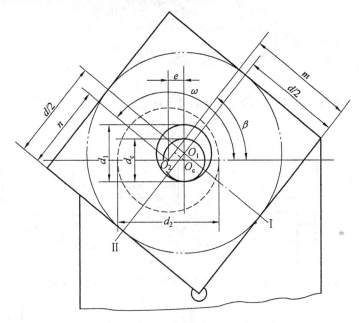

图 1.3 偏心销及其相关尺寸关系

为了保证可转位刀片装卸及转位方便,并使偏心销在夹固刀片时转动自如,刀片孔与偏心销之间必须有一定间隙,该间隙应大于两者直径的最大偏差之和,一般取为 0.2～0.4 mm,则偏心销直径为

$$d_c = d_1 - (0.2 \sim 0.4) \text{mm} \tag{1.4}$$

式中　d_1——刀片孔直径,mm。

偏心销直径确定后,偏心量 e 的计算式为

$$e \leqslant (0.14 \sim 0.15) d_c \tag{1.5}$$

e 取得过大,夹紧行程长,自锁性差;e 取得过小,对制造精度要求高,否则不易夹紧。故当刀片型号选定后,也可按表 1.46 选取偏心销直径和偏心量。

表 1.46　偏心销直径 d_c 与偏心量 e 之值　　　　mm

刀片孔直径 d_1	3.81	4.76	5.16	6.35	7.93
偏心销直径 d_c	3.71	4.66	5.06	6.25	7.83
最大偏心量 e_{max}	0.5	0.65	0.75	0.9	1.15

3. 偏心销转轴孔中心在刀槽前刀面上位置的确定

为使刀片紧靠刀槽的两个侧定位面,应使偏心销转轴孔中心O_2在距侧定位面 I 为 m 和距侧定位面 II 为 n 的位置上。

m 和 n 的计算公式为

$$m = \frac{d}{2} + e\sin\beta - \frac{d_1 - d_c}{2}\cos\beta \tag{1.6}$$

$$n = \frac{d}{2} - e\cos\beta - \frac{d_1 - d_c}{2}\sin\beta \tag{1.7}$$

式中　　d——刀片内切圆直径,mm;
　　　　β——偏心销的理论转角,一般取 $\beta = 30° \sim 45°$。

1.6　硬质合金可转位外圆车刀设计举例

可转位外圆车刀通常有图 1.4 所示的几种工作方式。

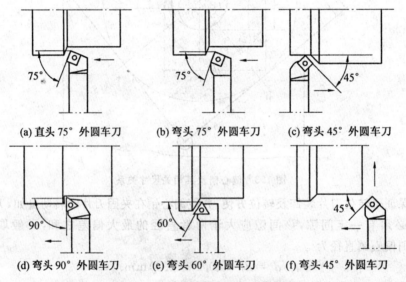

(a) 直头 75° 外圆车刀　(b) 弯头 75° 外圆车刀　(c) 弯头 45° 外圆车刀

(d) 弯头 90° 外圆车刀　(e) 弯头 60° 外圆车刀　(f) 弯头 45° 外圆车刀

图 1.4　可转位外圆车刀的工作方式

1.6.1　已知条件与要求

加工一批尺寸如图 1.5 所示零件的外圆表面,工件材料为 45 钢(正火),$R_m(\sigma_b) = 0.60$ GPa,170～200HBS。表面粗糙度达到 $Ra 3.2 \mu m$,需分粗车、半精车两道工序完成,单边余量为 4 mm,所用机床为 CA6140 卧式车床。

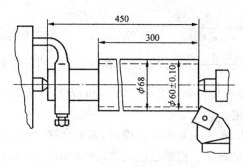

图 1.5 加工示意图

要求设计可完成粗车与半精车两工序的硬质合金可转位外圆车刀。

1.6.2 设计步骤

1. 刀片夹固结构的选择

考虑到加工在 CA6140 卧式车床上进行,且属于连续切削,参照表 1.1 选择偏心式夹固结构即可。

2. 刀片材料(硬质合金牌号)的选择

因工件材料为 45 钢(正火),连续切削,且完成粗车、半精车两道工序,故按照硬质合金选用原则(见附表 1.2)选取刀片材料(硬质合金牌号)为 P10(YT15)。

3. 车刀合理几何角度的预选

根据刀具合理几何参数的选择原则(附表 3～5),并考虑到可转位车刀几何角度的形成特点,先预选四个基本角度:前角 $\gamma_o=15°$,后角 $\alpha_o=6°$,主偏角 $\kappa_r=75°$,刃倾角 $\lambda_s=-6°$(此处主要是从可转位车刀几何角度的形成特点考虑的,而切屑的卷曲与排出是靠刀片卷屑槽的作用)。

γ_o 的数值待刀片法前角 γ_{nb} 及刀槽前角 γ_{og} 选定后再确定;车刀后角 α_o 是受 γ_{og} 及 λ_s 影响的,故其数值需经 α_o 校验后才能确定。

4. 切削用量的选择

根据切削用量的选择原则,由附表 6、7 确定切削用量为:

粗车: $a_p=3$ mm, $f=0.6$ mm/r, $v_c=110$ m/min;

半精车: $a_p=1$ mm, $f=0.3$ mm/r, $v_c=130$ m/min。

5. 刀片型号和尺寸的选择

(1) 刀片有无中心固定孔的选择。由于夹固结构已选定为偏心式,因此应选择有中心固定孔的刀片。

(2) 刀片形状的选择。按选定的 $\kappa_r=75°$,参照 1.3.2 小节宜选择正方形刀片。

(3) 刀片主要尺寸偏差等级的选择。参照表 1.4 选择 M 级。

(4) 刀片长度的确定。

根据已选定的 $a_p=3$ mm, $\kappa_r=75°$ 和 $\lambda_s=-6°$,将 a_p、κ_r 和 λ_s 代入式(1.1)可求出刀刃的工作长度 L_{se} 为

$$L_{se}/\text{mm} = \frac{a_p}{\sin\kappa_r \cos\lambda_s} = \frac{3}{\sin 75°\cos 6°} = \frac{3}{0.965\ 9 \times 0.994\ 5} =$$

$$\frac{3}{0.960\ 6} = 3.12(\text{此计算与}\lambda_s\text{的"+""-"无关})$$

所选刀片长度 $l > 1.5 L_{se} = 1.5 \times 3.12 = 4.68$ mm，刀片边长 $l = d > 4.68$ mm 即可。

(5) 刀片厚度 s 的确定。

由图 1.1 知，s 应在 3.18～4.8 mm 范围内，为安全取 $s = 4.8$ mm。

(6) 刀尖圆弧半径 r_ε 的选择。根据已选定的 $a_p = 3$ mm，$f = 0.6$ mm/r，利用图 1.2 选择刀尖圆弧半径连续切削时的 $r_\varepsilon = 1.2$ mm。

(7) 刀片断屑槽形式和尺寸的选择。参照刀片断屑槽形式和尺寸的选择原则，根据已知条件，选用 A 形断屑槽，其尺寸在选定刀片型号和尺寸后便可确定。

(8) 刀片型号及尺寸的确定。刀片型号及尺寸确定为 SNMM150612L（表 1.19 GB 2076—87）。

$l = d = 15.875$ mm，$s = 6.35$ mm，$d_1 = 6.35$ mm，$m = 2.79$ mm，$r_\varepsilon = 1.2$ mm，$\varepsilon_{rb} = 90°$，$\lambda_{sb} = 0°$，刀片法后角 $\alpha_{nb} = 0°$，$W_n = 4$ mm，$\gamma_{nb} = 20°$。

6. 刀垫型号和尺寸的确定

选用硬质合金 K30(YG8) 刀垫 S15B（表 1.34 GB 2079—80），尺寸比选定的刀片略小，即

$$l = 14.88 \text{ mm}, \quad s = 4.76 \text{ mm}, \quad d_1 = 7.6 \text{ mm}$$

7. 刀槽几何角度的设计与计算

可转位车刀几何角度关系如图 1.6 所示。

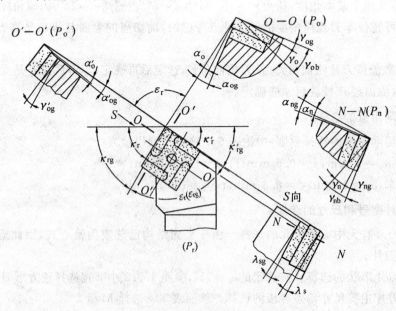

图 1.6 可转位车刀几何角度关系

刀槽几何角度的计算有精确计算法和近似计算法两种。

(1) 精确计算法。

① 刀槽主偏角 $\kappa_{rg} = \kappa_r = 75°$；
② 刀槽刃倾角 $\lambda_{sg} = \lambda_s = -6°$；
③ 刀槽前角 γ_{og} 的计算。

$$\tan \gamma_{og} = \frac{\tan \gamma_o - \tan \gamma_{nb}/\cos \lambda_s}{1 + \tan \gamma_o \tan \gamma_{nb} \cos \lambda_s} = \frac{\tan 15° - \tan 20°/\cos(-6°)}{1 + \tan 20° \tan 20° \cos(-6°)} =$$

$$\frac{0.268 - 0.364/0.9945}{1 + 0.268 \times 0.364 \times 0.9945} = \frac{-0.098}{1.0970} = -0.0893$$

则 $\gamma_{og} = -5.10° = -5°6'$

取 $\gamma_{og} = -5°$

④ 验算 α_o。

$\tan \alpha_o = -\tan \gamma_{og} \cos \lambda_s = -\tan(-5°) \cos(-6°) = 0.0875 \times 0.9945 = 0.08702$

所以 $\alpha_o = 4.97° = 4°58'$，与所选 α_o 值相近，故满足要求，即 $\alpha_{og} = \alpha_o = 5°$。

⑤ κ'_{rg} 的计算。

因为 $\kappa'_{rg} = \kappa'_r = 180° - \kappa_r - \varepsilon_r$

而 $\cot \varepsilon_r = [\cot \varepsilon_{nb} \sqrt{1 + (\tan \gamma_{og} \cos \lambda_s)^2} - \tan \gamma_{og} \sin \lambda_s] \cos \lambda_s$

因为正方形刀片 $\varepsilon_{nb} = 90°$，

所以 $\cot \varepsilon_r = -\tan \gamma_{og} \sin \lambda_s \cos \lambda_s$

将 $\gamma_{og} = -5°, \lambda_s = -6°$ 代入后

$\cot \varepsilon_r = -\tan(-5°) \sin(-6°) \cos(-6°) = 0.0875 \times (-0.1045) \times (0.9945) = -0.009093$

ε_r 应在第 2 象限，即

$$\varepsilon_r = 90.52°$$

所以 $\kappa'_{rg} = \kappa'_r = 180° - 75° - 90.52° = 14.48° \approx 14°30'$

⑥ α'_o 的验算。

$$\tan \alpha'_o = \frac{(\tan \alpha_{nb} - \tan \gamma'_{og} \cos \lambda'_{sg}) \cos \lambda'_{sg}}{1 + \tan \alpha_{nb} \tan \gamma'_{og} \cos \lambda'_{sg}}$$

此处 $\alpha_{nb} = 0°$，

所以 $\tan \alpha'_o = -\tan \gamma'_{og} \cos^2 \lambda'_{sg}$

而 $\tan \gamma'_{og} = -\tan \gamma_{og} \cos \varepsilon_{rg} + \tan \lambda_{sg} \sin \varepsilon_{rg}$

$\tan \lambda'_{sg} = \tan \gamma_{og} \sin \varepsilon_{rg} + \tan \lambda_{sg} \cos \varepsilon_{rg}$

将 $\gamma_{og} = -5°, \lambda_s = -6°, \varepsilon_{rg} = \varepsilon_r = 90.52°$

代入得 $\tan \gamma'_{og} = -\tan(-5°) \cos 90.52° + \tan(-6°) \sin 90.52° =$

$0.0875 \times (-0.009076) + (-0.10510) \times 0.99996 =$

$-0.0007942 - 0.10510 = -0.10589$

$\gamma'_{og} = -6.04° \approx -6°2'$

$\tan \lambda'_{sg} = \tan(-5°) \sin 90.52° + \tan(-6°) \cos 90.52° =$

$-0.08750 \times 0.99996 - 0.1051 \times (-0.009076) =$

$-0.08750 - 0.0009539 = -0.088454$

所以 $\lambda'_{sg} = -5.05° \approx -5°3'$

所以 $\tan \alpha'_o = -\tan(-6.04°) \cos^2(-5.05°) =$

$0.1058 \times 0.9924 = 0.10500$

$\alpha'_o = 5.994° = 5°59' \approx 6°$

故满足要求。如果 $\alpha'_o < 2°$，应重新选择 λ_s 和 ε_b，直至验算 α'_o 合格为止。

⑦ 车刀和刀槽几何角度的最后确定。
$$\gamma_o = 15°, \alpha_o = 5°, \kappa_r = 75°, \kappa'_r = 14°30', \lambda_s = -6°, \alpha'_o = 6°$$
$$\gamma_{og} = -5°, \alpha_{og} = 5°, \kappa_{rg} = 75°, \kappa'_{rg} = 14°30', \lambda_{sg} = -6°, \alpha'_{og} = 6°$$

(2) 近似计算法。

① 因为 λ_s 较小，所以取 $\gamma_{og} = \gamma_o - \gamma_{nb} = 15° - 20° = -5°$。

② $\tan \alpha_o = -\tan \gamma_{og} \cos^2 \lambda_s = -\tan(-5°) \cos^2(-6°) = 0.08750 \times 0.9945^2 = 0.08654$
$$\alpha_o = 4.95° \approx 4°56'$$

③ κ'_{rg} 的计算。
$$\kappa'_{rg} = 180° - \kappa_r - \varepsilon_b = 180° - 75° - 90° = 15°$$

④ $\tan \alpha'_o = -\tan \gamma'_{og} \cos^2 \gamma'_{sg}$

已知 $\gamma_{og} = -5°, \lambda_{sg} = -6°, \varepsilon_{rg} = 90° = \varepsilon_r$

$\tan \gamma'_{og} = -\tan \gamma_{og} \cos \varepsilon_{rg} + \tan \lambda_{sg} \sin \varepsilon_{rg} =$
$\quad -\tan(-5°) \cos 90° + \tan(-6°) \sin 90° =$
$\quad 0 + (-0.1051) \times 1 = -0.1051$
$\gamma'_{og} = -5.9998° = -5°59'59'' \approx -6°$

$\tan \lambda'_{sg} = \tan \gamma_{og} \sin \varepsilon_{rg} + \tan \lambda_{sg} \cos \varepsilon_{rg} =$
$\quad \tan(-5°) \sin 90° + \tan \lambda_{sg} \cos 90° =$
$\quad -0.0875 + 0 = -0.0875$
$\lambda'_{sg} = -5°$

所以
$\tan \alpha'_o = -\tan \gamma'_{og} \cos^2 \lambda_{sg} = -\tan(-6°) \cos^2(-5°) = 0.1051 \times (-0.9962)^2 = 0.1043$

所以 $\alpha'_o = 5.95° \approx 5°57'$

故符合要求。

8. 铣制刀槽所需角度的计算

由铣制加工原理知，铣制刀槽时应将刀槽的上表面置于水平位置，为此必须将刀杆底平面倾斜一定角度。由于使其倾斜所采用的方法不同，故铣制刀槽所需的角度也不同。通常有预制斜铁法和双角度垫铁法，设计计算时只需选择其中之一即可。

(1) 预制斜铁法（图 1.7）。

此时需要计算刀槽的最大倾斜前角 γ_{gg} 及其方位角 τ_{gg}

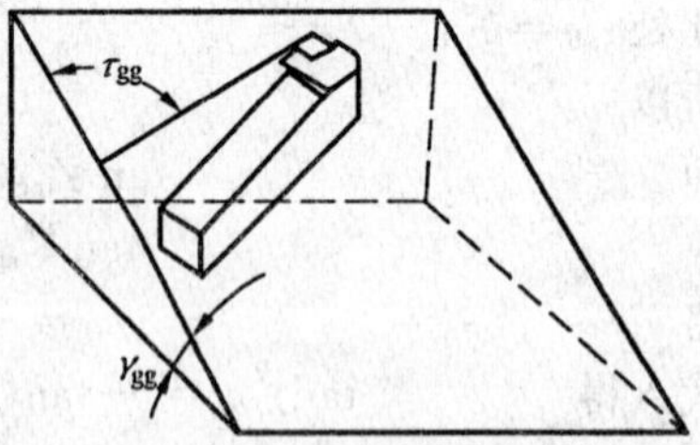

图 1.7 预制斜铁法

$$\tan \gamma_{gg} = -\sqrt{\tan^2 \gamma_{og} + \tan^2 \lambda_{sg}} \quad (1.8)$$
$$\tan \tau_{gg} = \tan \gamma_{og} / \tan \lambda_{sg} \quad (1.9)$$

将 $\gamma_{og} = -5°, \lambda_{sg} = -6°$ 代入得

$\tan \gamma_{gg} = -\sqrt{\tan^2(-5°) + \tan^2(-6°)} =$
$\quad -\sqrt{0.0875^2 + 0.1051^2} =$
$\quad -\sqrt{0.01870} = -0.1368$
$\gamma_{gg} = -7.79° \approx -7°47'$

$$\tan \tau_{gg} = \tan \gamma_{og}/\tan \lambda_{sg} = -0.0875/(-0.1051) \approx 0.83254$$
$$\tau_{gg} = 39.78° \approx 39°46'$$

(2) 双角度垫铁法(图1.8)。

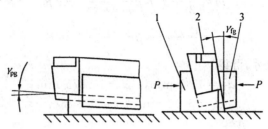

图1.8 双角度垫铁法
1— 左垫铁;2— 刀杆;3— 右垫铁

此时需要计算刀槽在假定工作(进给)平面和背平面(切深)内的前角γ_{fg}和γ_{pg},即

$$\tan \gamma_{fg} = \tan \gamma_{og}\sin \kappa_{rg} - \tan \lambda_{sg}\cos \kappa_{rg} \tag{1.10}$$
$$\tan \gamma_{pg} = \tan \gamma_{og}\cos \kappa_{rg} + \tan \lambda_{sg}\sin \kappa_{rg} \tag{1.11}$$

将$\gamma_{og} = -5°$,$\lambda_{sg} = -6°$代入即得γ_{fg}与γ_{pg},即

$$\tan \gamma_{fg} = \tan(-5°)\sin 75° - \tan(-6°)\cos 75° =$$
$$-0.0875 \times 0.9659 - (-0.1051) \times 0.2588 =$$
$$-0.08452 + 0.0272 = -0.05732$$

所以
$$\gamma_{fg} = -3.28° \approx -3°17'$$
$$\tan \gamma_{pg} = \tan(-5°)\cos 75° + \tan(-6°)\sin 75° =$$
$$-0.0875 \times 0.2588 + (-0.1051) \times 0.9659 =$$
$$-0.02265 - 0.1015 = -0.12415$$

所以
$$\gamma_{pg} = -7.07° \approx -7°4'$$

9. 刀杆材料和尺寸的选择

(1) 刀杆材料的选择。刀杆材料用45钢,热处理38~45HRC并发蓝。

(2) 刀杆尺寸的选择。

① 刀杆截面尺寸的选择。因CA6140普通车床的中心高为200 mm,按照表1.45考虑可转位车刀结构的特点,为提高刀杆强度,选取截面尺寸$B \times H = 20$ mm $\times 25$ mm。

由于背吃刀量$a_p = 3$ mm,进给量$f = 0.6$ mm/r,可不必校验刀杆强度。

② 刀杆长度尺寸的选择。参照刀杆长度选择原则,选取刀杆长度为140 mm即可。

10. 偏心销及相关尺寸的选择

(1) 偏心销材料选择。偏心销材料选用40Cr,热处理40~45HRC并发蓝。

(2) 偏心销直径d_c和偏心量e的计算。偏心销直径可用式(1.4)算出,即

$$d_c = d_1 - (0.2 \sim 0.4) \text{mm}$$

前面已选定$d_1 = 6.35$ mm,取括号内的最大值0.4 mm,则

$$d_c = (6.35 - 0.4) \text{ mm} = 5.95 \text{ mm}$$

偏心量e可用式(1.5)求出,即

$$e \leqslant (0.14 \sim 0.15)d_c = 0.833 \sim 0.8925 \text{ mm}$$

取$e = 0.8$ mm,即可。

为使刀片夹固可靠,选自锁性更可靠的螺钉偏心销,其直径d_2即为M6。

(3) 偏心销转轴孔中心在刀槽前倾面上的位置计算。用式(1.6)和(1.7)将 m 和 n 求出(图 1.3),即

$$m = \frac{d}{2} + e\sin\beta - \frac{d_1 - d_c}{2}\cos\beta$$

$$n = \frac{d}{2} - e\cos\beta - \frac{d_1 - d_c}{2}\sin\beta$$

根据已选定的各尺寸,可得

$$d_1 = 6.35 \text{ mm}, \quad d = 15.875 \text{ mm}$$
$$d_c = 5.95 \text{ mm}, \quad e = 0.8 \text{ mm}$$

并取 $\beta = 30°$,则有

$$m/\text{mm} = \frac{15.875}{2} + 0.8\sin 30° - \frac{6.35 - 5.95}{2}\cos 30° = 8.16$$

$$n/\text{mm} = \frac{15.875}{2} - 0.8\cos 30° - \frac{6.35 - 5.95}{2}\sin 30° = 7.05$$

11. 绘制可转位车刀工作图和刀杆图

(1) 偏心式 75° 硬质合金可转位外圆车刀如图 1.9 所示。

(2) 偏心式 75° 硬质合金可转位外圆车刀刀杆如图 1.10 所示。

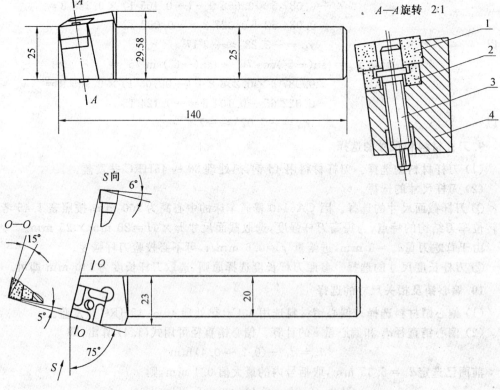

图 1.9　偏心式 75° 硬质合金可转位外圆车刀
1— 刀片;2— 刀垫;3— 螺钉偏心销;4— 刀杆

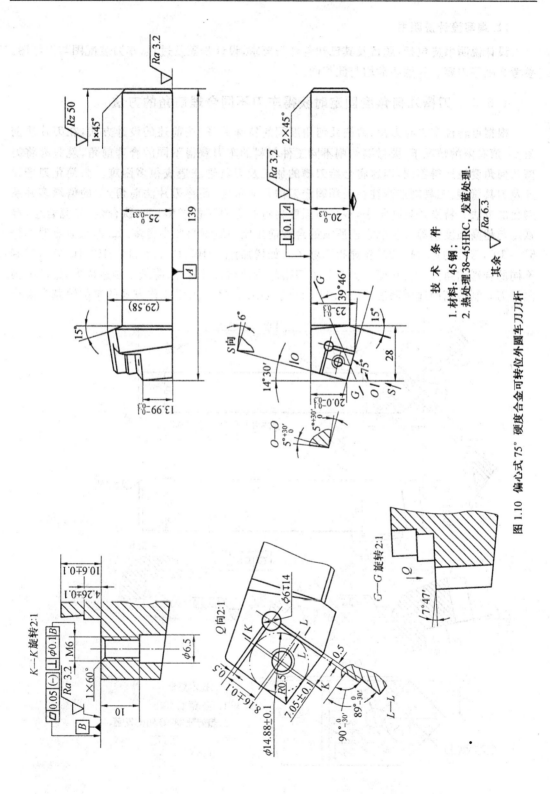

图 1.10 偏心式 75° 硬质合金可转位外圆车刀刀杆

12. 编写设计说明书

设计说明书应包括：题目及其已知条件与要求，设计步骤及过程、车刀装配图与刀杆图，参考文献等内容。其他各章均与此相同。

1.6.3 刀槽几何角度固定时获得车刀不同合理前角的方法

根据可转位车刀与刀片、刀槽几何角度间的特殊关系，按前述的设计方法，在刀片法前角 γ_{nb} 值有限的情况下，要做到切削不同工件材料的车刀获得不同的合理前角，就只有将刀槽几何角度设计得不同，但这将会给刀槽的加工及刀具管理造成很多困难。为简化刀槽设计及刀具管理，工具制造商往往采用固定刀槽几何角度，而将刀片法前角 γ_{nb} 的值增多并系列化的方法。特别是近些年来，很多高强度材料的应用日益增多，如：钛合金、高温合金、高强度与超高强度钢等。切削它们所需的合理前角比一般钢料要小得多，如：车钛合金时约为 $5°\sim10°$，刀片的 γ_{nb} 只有 $20°$ 就显得不够了。如增加 $\gamma_{nb}=10°、12°、13°、14°、15°、16°$ 就可得到不同的合理前角 γ_{opt} 值，从而大大简化了刀槽的设计和刀具管理，降低了制造成本，这已成为国外刀具制造商的通用做法。图 1.11 给出了如图 1.4(c) 所示工作方式的车削镍基高温合

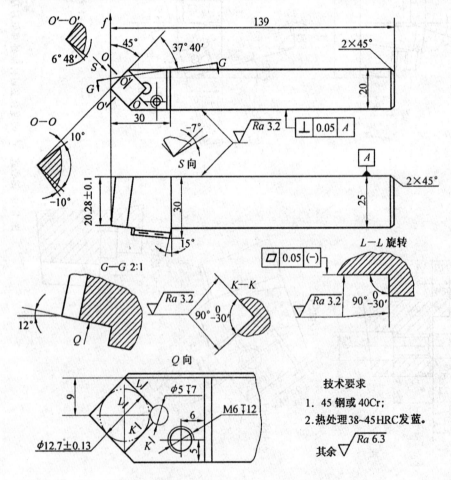

图 1.11 右切（反手）可转位外圆车刀刀杆

金 GH4169、4698 用的右切(反手)可转位外圆车刀刀杆。此刀杆的刀槽：$\kappa_{rg}=45°$，$\gamma_{og}=-10°$，$\lambda_{sg}=-7°$。选用刀片的 $\gamma_{nb}=10°、12°、13°、14°、15°、16°、20°$，即可分别得到 $\gamma_o=0°、2°、3°、4°、5°、6°、10°$ 的车刀。刀片要选右切(R)的。

1.6.4　法后角 $\alpha_{nb}=11°$ 外圆车刀刀杆设计实例

图 1.12 给出了车削 GH4169 的 $\alpha_{nb}=11°$ 可转位外圆车刀刀杆。此刀杆的刀槽 $\gamma_{og}=0°$，$\lambda_{sg}=0°$，$\kappa_{rg}=45°$，将 $\gamma_{nb}=0°$，$\alpha_{nb}=11°$ 的刀片安装后即可得到 $\gamma_o=0°$，$\alpha_o=11°$，$\kappa_r=45°$，$\lambda_s=0°$ 的车刀。

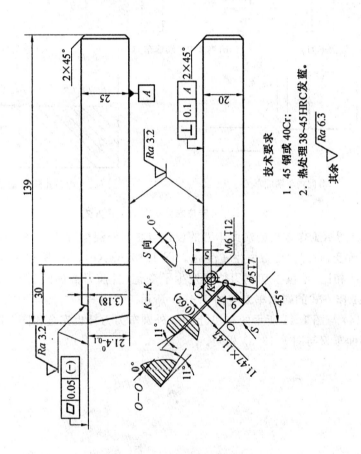

图 1.12　$\alpha_{nb}=11°$ 可转位外圆车刀刀杆

1.7 硬质合金可转位端面车刀设计举例

端面车刀有图1.13所示的几种工作方式。

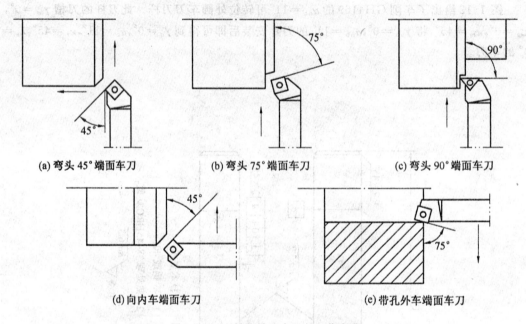

图1.13 可转位端面车刀的工作方式

图1.13(a)所示工作方式的端面车刀的设计与右切外圆车刀(图1.4(a)(b))相同,因为主切削刃没有改变,只刀尖位置发生了变化。图1.13(b)、(c)、(d)所示工作方式的端面车刀与图1.13(a)相比,不仅主切削刃位置发生了变化,且前刀面的倾斜方向也改变了。图1.13(d)所示工作方式的端面车刀与图1.4(c)所示工作方式的外圆车刀完全相同,其对应的刀杆(图1.14)与图1.11所示的右切(反手)外圆车刀刀杆也完全相同。图1.13(e)所示工作方式的端面车刀与图1.13(a)相同。

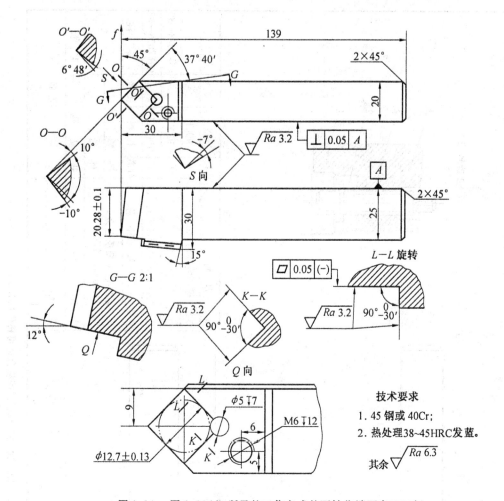

图 1.14　图 1.13(d) 所示的工作方式的可转位端面车刀刀杆

1.7.1　已知条件与要求

已知条件:工件如图 1.15 所示,45 钢。
要求:设计可转位端面车刀及其刀杆。

1.7.2　设计步骤

设计步骤与 1.6 节基本相同。

按图 1.13(d) 所示工作方式的 75° 可转位端面车刀及其刀杆如图 1.16、图 1.17 所示。刀片型号应按附表 9 选取右切刀片。

1.8　可转位车刀设计图选

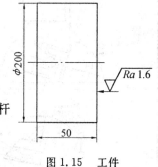

图 1.15　工件

可转位车刀设计图选如图 1.18～1.29 所示。

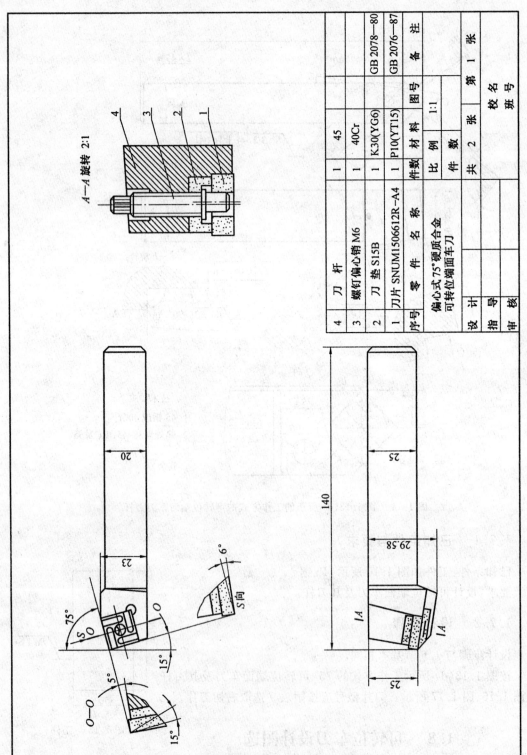

图 1.16 偏心式 75°硬质合金可转位端面车刀

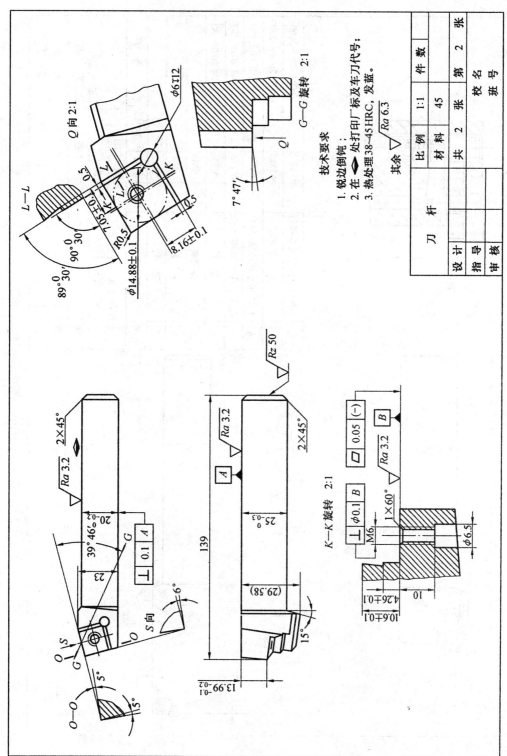

图 1.17 偏心式 75°硬质合金可转位端面车刀刀杆

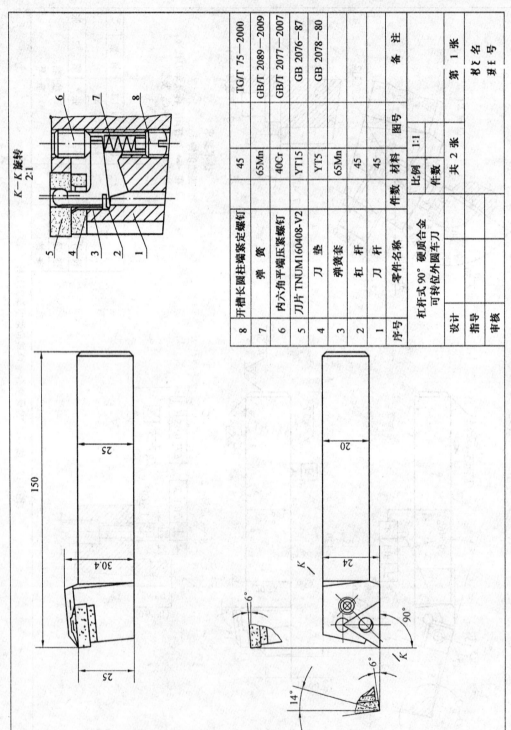

图 1.18 杠杆式 90° 硬质合金可转位外圆车刀

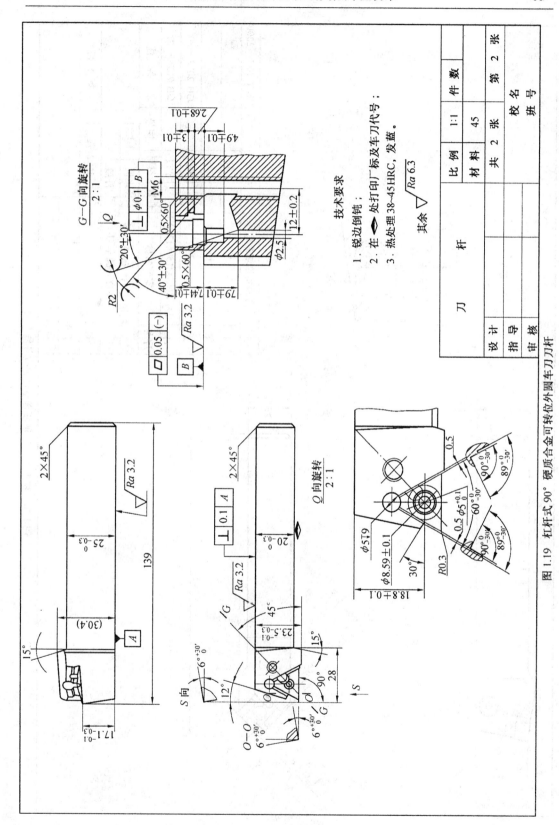

图 1.19 杠杆式 90° 硬质合金可转位外圆车刀刀杆

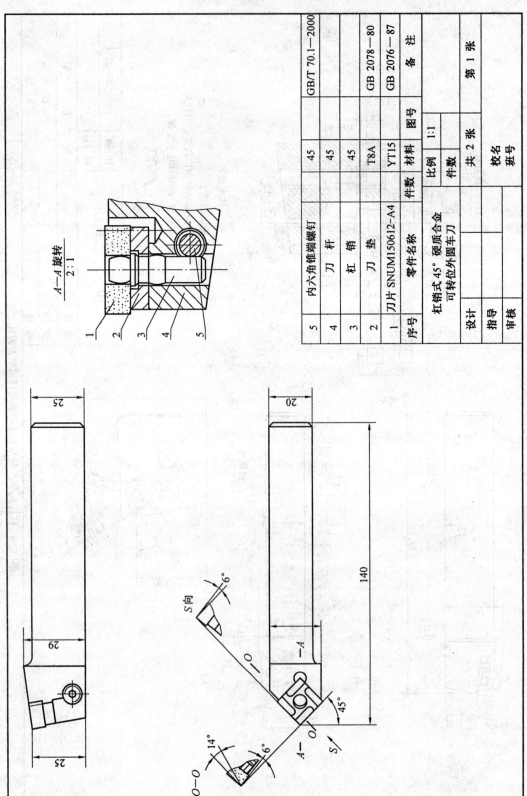

图 1.20 杠销式 45° 硬质合金可转位外圆车刀

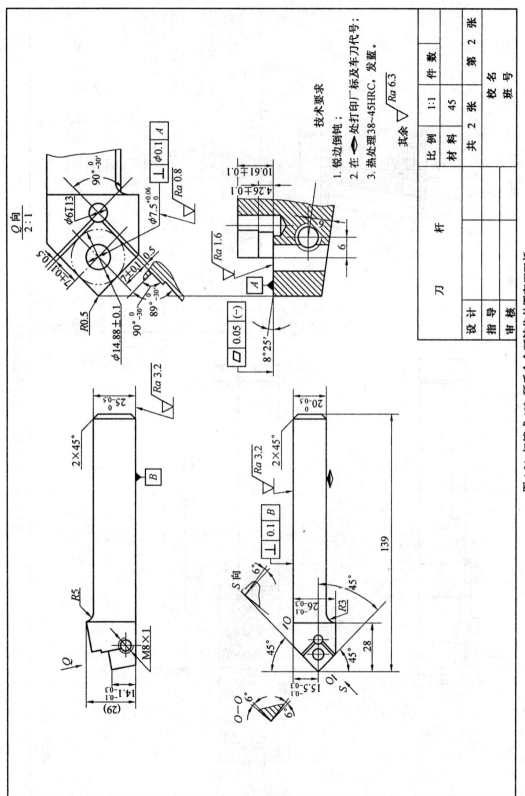

图 1.21 杠销式 45° 硬质合金可转位外圆车刀刀杆

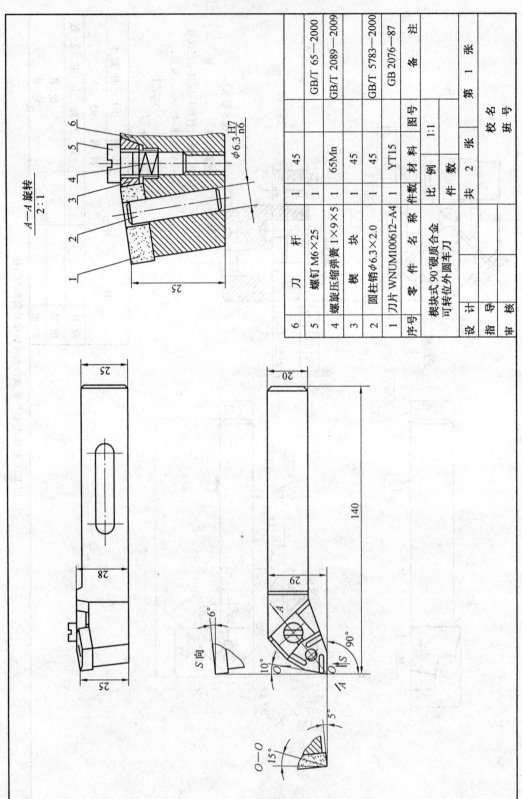

图1.22 楔块式90°硬质合金可转位外圆车刀

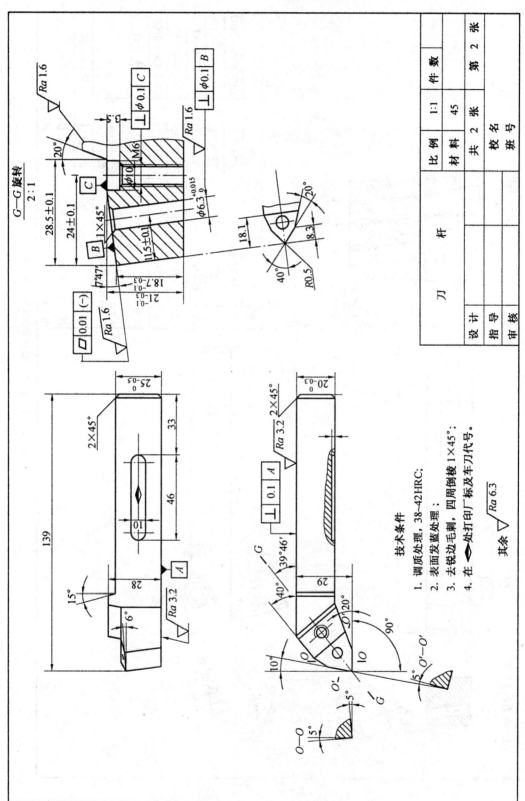

图 1.23 楔块式 90°硬质合金可转位外圆车刀刀杆

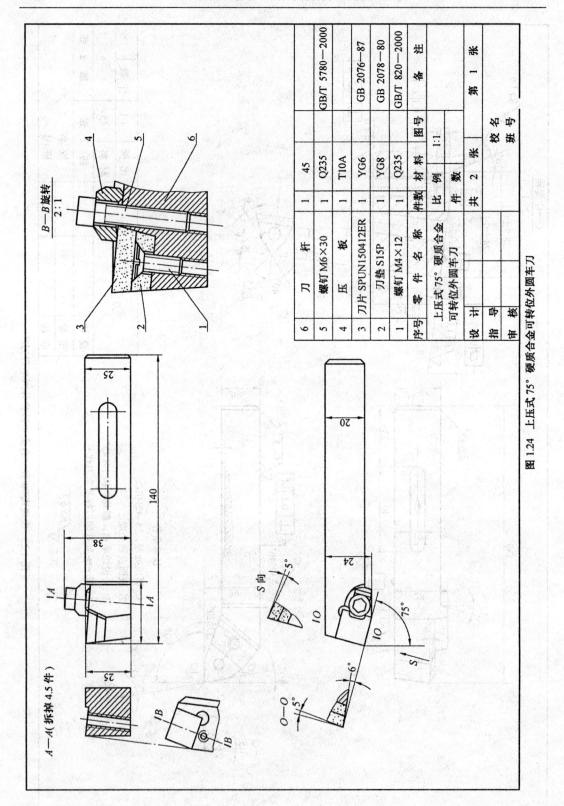

图 1.24 上压式 75°硬质合金可转位外圆车刀

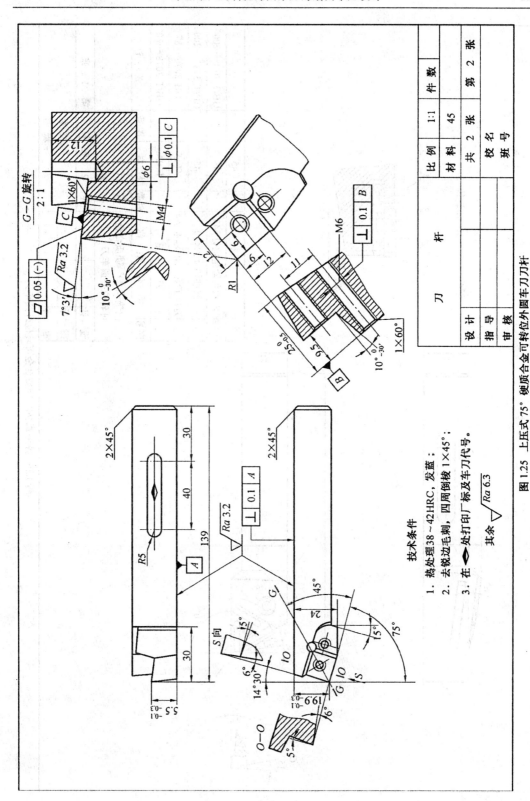

图 1.25 上压式 75° 硬质合金可转位外圆车刀刀杆

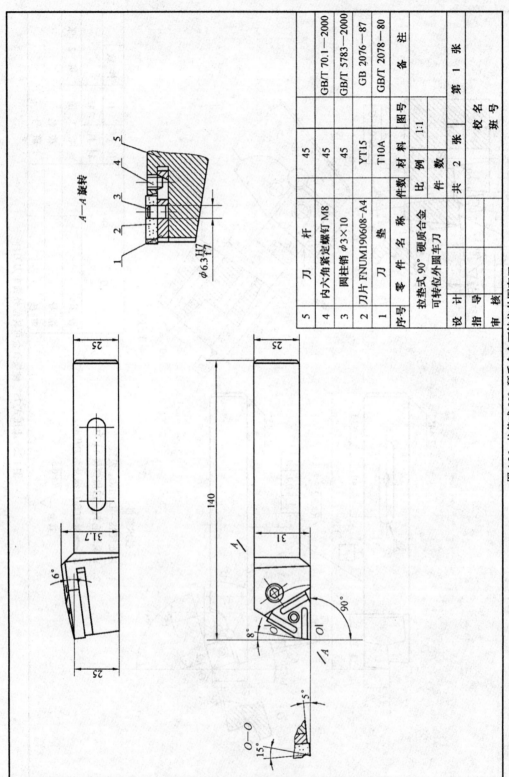

图1.26 拉垫式90°硬质合金可转位外圆车刀

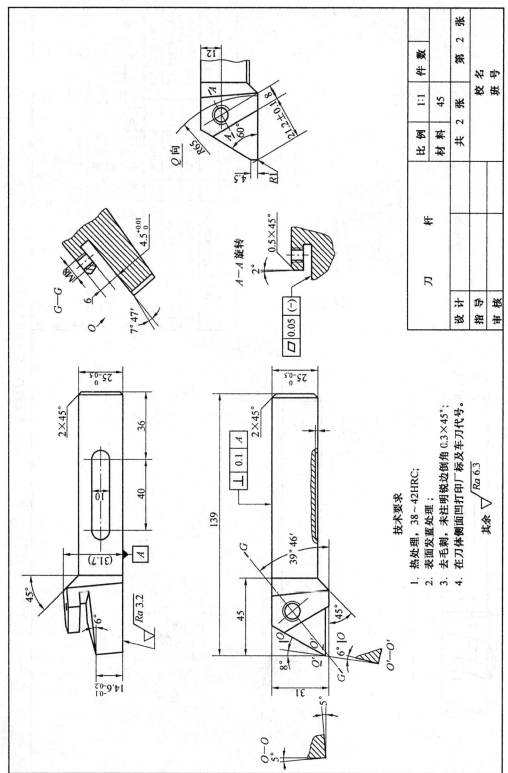

图 1.27 拉垫式 90° 硬质合金可转位外圆车刀刀杆

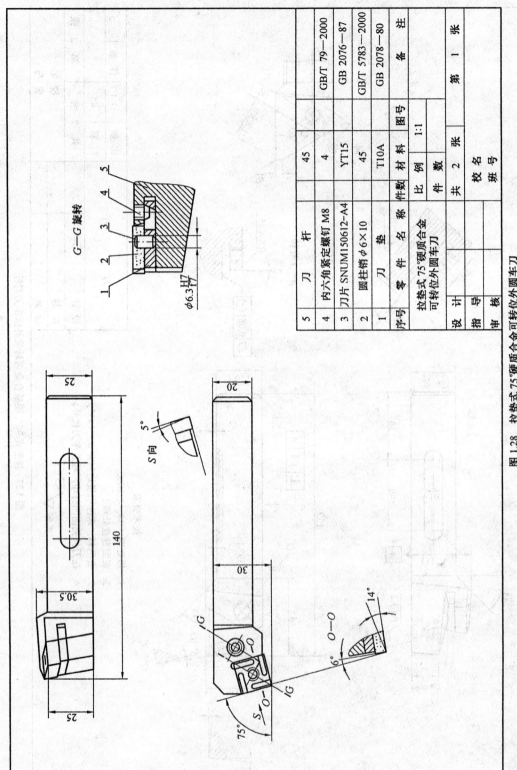

图 1.28 拉垫式 75°硬质合金可转位外圆车刀

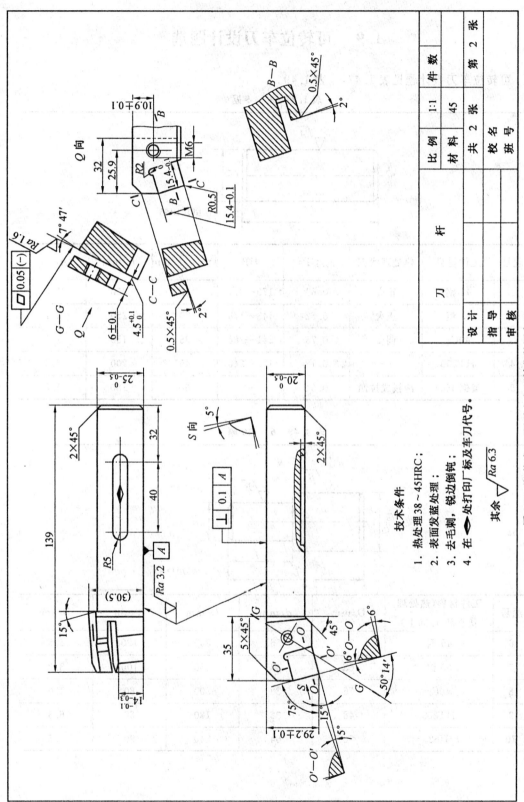

图1.29 拉垫式75°硬质合金可转位外圆车刀

1.9 可转位车刀设计题选

可转位车刀设计题见表 1.47 ～ 表 1.49。

表 1.47 1 ～ 5 题

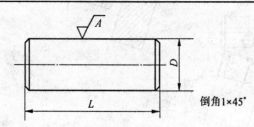

倒角 1×45°

题号	工件材料	热处理状态	σ_b/GPa	HB	$D\pm 0.1$/mm	L/mm	A/μm
1	45 钢	正火	0.60	170—217	50	300	1.6
2	35 钢	正火	0.52	143—178	70	250	3.2
3	40Cr	调质	0.75	241—286	35	150	1.6
4	HT200	—	0.18	170—240	45	200	3.2
5	黄铜 H62	冷拔或拉制	0.34	—	60	180	1.6

表 1.48 6 ～ 10 题

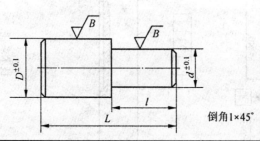

倒角 1×45°

题号	工件材料（热处理状态和 σ_b 同上）	D/mm	d/mm	L/mm	l/mm	B/μm
6	45 钢	78	56	300	120	1.6
7	35 钢	68	44	250	100	3.2
8	40Cr	56	38	200	80	1.6
9	HT200	48	32	180	60	6.3
10	H62	70	64	240	90	3.2

表 1.49 11～20 题

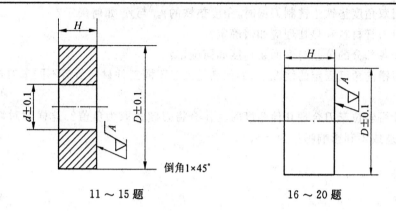

11～15 题   16～20 题

题号	工件材料(热处理状态和 σ_b 同上)	D/mm	d/mm	H/mm	A/μm
11,16	45	300	30	40	1.6
12,17	35	260	24	30	3.2
13,18	40Cr	200	20	22	1.6
14,19	HT200	180	16	20	6.3
15,20	H62	140	12	18	3.2

思 考 题

1. 硬质合金可转位车刀(以下简称车刀)有哪些优越性?
2. 可转位刀片(以下简称刀片)如何选择?
3. 车刀角度和刀槽角度是否一样? 为什么?
4. 车刀刀片的夹固方式如何选择? 你所选择的夹固方式有何优缺点?
5. 偏心式车刀刀杆孔中心位置如何确定?
6. 可转位车刀为什么要加刀垫?
7. 车刀刀杆尺寸是根据什么原则确定的?
8. 为什么车刀刀杆上刀片定位侧面与底面不成 90°而成 89°?
9. 刀槽底面平面度为什么只允许下凹?
10. 为什么车刀刀槽刃倾角和前角都取负值?
11. 车刀后角是如何形成的? 为什么要进行验算?
12. 车刀刀槽前角 γ_{og} 如何计算? 与 α_o 有什么关系?
13. 刀片刀尖角 ε_{rb} 与车刀刀尖角 ε_r 是否相等? 为什么?
14. 车刀副后角是如何形成的? 如何验算?
15. 当发现车刀副后角 α'_o 太小时,应采取什么措施?

16. 用预制斜铁法铣制刀槽时,斜铁最大倾斜角及其方位角如何确定?

17. 利用双角度垫铁法铣制刀槽时,角度垫铁的γ_{pg}与γ_{fg}如何确定?

18. 车刀刀杆材料和热处理应如何确定?

19. 刀杆各部分的公差与表面粗糙度如何确定?

20. 在刀槽前角已固定的情况下,如何满足加工不同工件材料所需不同车刀合理前角的要求?

21. 设计可转位车刀合理几何角度时为什么将刀倾角取为负值?这样做对切屑的卷曲与排出不会造成不利影响吗?为什么?

第 2 章 成形车刀设计

成形车刀的种类较多,本章仅以径向进给的棱体与圆体成形车刀为例,说明各部分的设计要点与尺寸的确定方法。

2.1 成形车刀的结构尺寸

2.1.1 棱体成形车刀的结构尺寸

棱体成形车刀多采用燕尾结构,夹固可靠,能承受较大切削力,其结构尺寸如图 2.1 所示。主要有:刀体总宽度 L_0、刀体高度 H、刀体厚度 B 及燕尾测量尺寸 M 等。

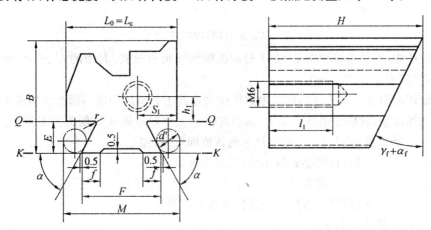

图 2.1 棱体成形车刀的结构尺寸

(1) 刀体总宽度 L_0(图 2.2(a))。

$$L_0 = L_c \tag{2.1}$$

式中 L_c——成形车刀切削刃总宽度,mm。

$$L_c = l + a + b + c + d \tag{2.2}$$

式中 l——工件廓形宽度,mm。

$a、b、c、d$——成形车刀的附加切削刃宽度,mm;

a—— 为避免切削刃转角处过尖而设的附加切削刃宽度,常取为 $0.5 \sim 3$ mm(图 2.2(a) 中 9—10 段);

b—— 为考虑工件端面的精加工和倒角而设的附加切削刃宽度,其数值应大于端面精加工余量和倒角宽度。为使该段切削刃在正交平面内有一定后角,常做成主偏角 $\kappa_r = 15° \sim 45°$,b 值取为 $1 \sim 3$ mm;如工件有倒角,κ_r 值应等于倒角值,b 值比倒角宽度大 $1 \sim 1.5$ mm(图 2.2(a) 中 1—9 段);

c—— 为保证后续切断工序顺利进行而设的预切槽切削刃宽度,c 值常取为 $3 \sim$

8 mm(图 2.2(a) 中 5—6—7—11 段);

d—— 为保证成形车刀刀刃延长到工件毛坯表面之外而设的附加切削刃宽度,常取 $d=0.5\sim 2$ mm(图 2.2(a) 中 11—12 段)。

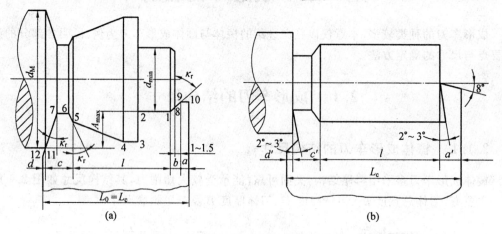

图 2.2 成形车刀的附加切削刃形式

实际生产中,有时也可取图 2.2(b) 所示的附加切削刃形式,其中的 a'、c'、d' 数值视具体情况而定(其中 $a'>3$ mm)。

在确定切削刃总宽度 L_c 时,还应考虑机床功率及工艺系统刚度。因为径向成形车刀切削刃同时参加切削,背向切削分力很大,易引起振动。一般应限制切削刃总宽度 L_c 与工件最小直径 d_{min} 的比值,使 L_c/d_{min} 不超过下列数值即可:粗加工 2~3,半精加工 1.8~2.5,精加工 1.5~2。工件直径较小时取小值,反之取大值。

当 L_c/d_{min} 大于许用值或 $L_c>80$ mm(经验值)时,可采取下列措施:

① 将工件廓形分段切削,改用两把或数把成形车刀;

② 改用切向进给成形车刀;

③ 如已确定用径向进给,可在工件非切削部分增设辅助支承——滚轮托架,以增加工艺系统刚度。

(2)刀体高度 H。刀体高度 H 与机床横刀架距机床中心的高度有关。应在机床刀夹空间允许的条件下,尽量取大些,以增加刀具的重磨次数。一般推荐 $H=55\sim 100$ mm。如采用对焊结构,高速钢部分不小于 40 mm(或 $H/2$)。

(3)刀体厚度 B。刀体厚度 B 应保证刀体有足够强度,且易于装入刀夹、排屑方便、切削顺利。最小厚度应满足 $B-E-A_{max}\geqslant (0.25\sim 0.5)L_0$,其中 E 所表示的尺寸见图 2.1,A_{max} 为工件最大廓形深度(图 2.2(a))。

(4)燕尾测量尺寸 M。燕尾测量尺寸 M 值应与切削刃总宽度 L_c 相适应(表 2.1)。

此外,为调整棱体成形车刀的高度,增加成形车刀工作时的刚度,刀体底部做有螺孔以旋入螺钉,螺钉常取 M6。

棱体成形车刀的结构尺寸见表 2.1。

表 2.1 棱体成形车刀结构尺寸(图 2.1)   mm

| 结构尺寸 ||||||| 检验燕尾尺寸 |||
| $L_0 = L_c$ | F | B | H | E | f | 滚柱直径 d' | M |||
							尺寸	偏差	
15~20	15	20	(55~100 可视机床刀夹而定)	$7.2_0^{+0.36}$	5	5 ± 0.005	22.89	0 −0.1
22~30	20	25					27.87	
32~40	25			$9.2_0^{+0.36}$	8		37.62	0 −0.12
45~50	30	45					42.62	
55~60	40					8 ± 0.005	52.62	
65~70	50	60		$12.2_0^{+0.43}$	12		62.62	0 −0.14
75~80	60						72.62	

注:1. 若采用的滚柱直径不是表中所列尺寸时,M 值可按式 $M = F + d'\left(1 + \tan\frac{\alpha}{2}\right)$ 计算

2. 燕尾角 $\alpha = 60°$,偏差为 $\pm 10'$
3. 圆角 r 最大为 0.5 mm
4. 燕尾底面及与之相距 E 的表面不能同时为工作表面
5. s_1 与 h_1 尺寸视具体情况而定,l_1 视机床刀夹而定,应保证满足最大调整范围

2.1.2 圆体成形车刀的结构尺寸

圆体成形车刀的结构尺寸主要有:刀体总宽度 L_0、刀体外径 d_0、内孔直径 d 及夹固部分尺寸等(图 2.3)。

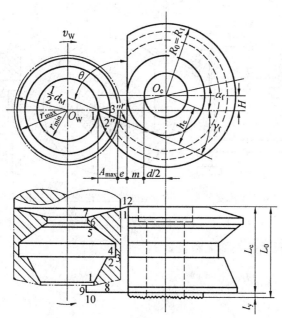

图 2.3 圆体成形车刀的结构尺寸

(1) 刀体总宽度。

$$L_0 = L_c + l_y \tag{2.3}$$

式中　L_c——切削刃总宽度,mm;

l_y——切削刃外其他部分宽度,mm。

(2) 刀体外径和内孔直径。

确定外径时,要考虑工件的最大廓形深度、排屑、刀体强度及刚度等,取值大小要受机床横刀架中心高及刀夹空间的限制。一般可按式(2.4)计算,再取相近标准值,即

$$d_0 = 2R_0 \geqslant 2(A_{max} + e + m) + d \tag{2.4}$$

式中　R_0——刀具廓形最大半径,mm;

A_{max}——工件最大廓形深度,mm;

e——考虑有足够的容屑空间所需要的距离。可根据切削厚度及切屑的卷曲程度选取,一般取为 3~12 mm。当工件为脆性材料时取小值,塑性时取大值;

m——刀体壁厚,一般可根据强度选取,约为 5~8 mm;

d——内孔直径,应保证心轴和刀体有足够的强度和刚度,可依切削用量及切削力大小取为$(0.25 \sim 0.45)d_0$(d_0为成形车刀外径),计算后再取相近标准值 10 mm、(12 mm)、16 mm、(19 mm)、20 mm、22 mm、27 mm 等(带括号者为非优选系列尺寸)。

(3) 夹固部分。

圆体成形车刀常采用内孔与端面定位,螺栓夹固,其结构如图 2.4 所示。沉头孔用于容纳螺栓头部。刀体端面的凸台齿纹是为防止刀具与刀夹体间发生相对转动而设的,还可用来粗调刀夹高度;也可在端面凸台上滚花;为简化制造,还可另做可换端面齿环,用销子与刀具相连。

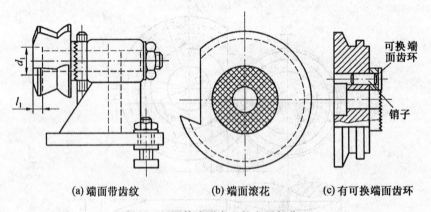

(a)端面带齿纹　　(b)端面滚花　　(c)有可换端面齿环

图 2.4　圆体成形车刀的夹固部分

几种典型的结构尺寸见表 2.2 和表 2.3。

表 2.2 端面带齿纹的圆体成形车刀结构尺寸   mm

结构图

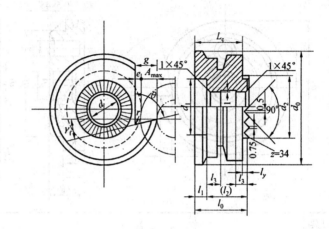

工件廓形深度 A_{max}	刀具尺寸						端面齿纹尺寸	
	d_0	d	d_1	g_{max}	e	r	d_2	l_y
<4	30	10	16	7	3	1	—	—
4～6	40	13	20	10	3	1	20	3
7～8	50	16	25	12	4	1	26	3
9～10	60	16	25	14	4	2	32	3
11～12	70	22	34	17	5	2	35	4
13～15	80	22	34	20	5	2	40	4
16～18	90	22	34	23	5	2	45	5
19～21	100	27	40	26	5	2	50	5

注:1. 表中外径 d_0 允许用于 A_{max} 更小的情况

2. 沉头孔深度 $l_1 = \left(\frac{1}{4} \sim \frac{1}{2}\right) L_c$

3. g_{max} 是按 A_{max} 上限给出的,由 $g = A_{max} + e$ 计算得出的 g 值圆整为 0.5 的倍数。内孔成形车刀的 e 值可小于表中的值

4. 当孔深 $l_2 > 15$ 时,需加空刀槽,$l_3 = \frac{1}{4} l_2$

5. 当 $\gamma_f < 15°$ 时,θ 取 80°;当 $\gamma_f > 15°$ 时,θ 取 70°

6. 端面齿齿形角 β 可为 60° 或 90°,齿顶宽度为 0.75 mm,齿底宽度为 0.5 mm,齿数 $z = 10 \sim 50$。如考虑通用,可取 $z = 34$,$\beta = 90°$

7. 各种车床均有应用,但多用于卧式车床

表 2.3 带销孔圆体成形车刀结构尺寸   mm

结构图

机床型号	刀具结构形式	刀具尺寸									销孔尺寸			适用的 A_{max}
		L_0	d_0	d	d_1	d_2	l_1	g	L_c	d_4	d_3	m	C_1	
C1312 C1318	A	<6	45	10	15	—	2~5	9	6		4.1	—	9	<6
	B	>6												
	A	≤10	52	12	20	32	2~5	11	10		6.2	8	11	<8
	B	12~22												
	C	>22								30				
C1318	A	≤10	60	16	25	32	2~5	10	10		5.2	8	12.5	<7
	B	12~22												
	C	>22								35				
C1325 C1336	A	≤10	68	16	25	32	2~5	14	10		8.2	8	14	<11
	B	12~22												
	C	>22								38				

注：1. h_c 为刀具中心到前刀面的距离，由 $h_c = R_0 \sin(\gamma_f + \alpha_f)$ 计算而得
2. 当 $\gamma_f < 15°$ 时，θ 取 80°；当 $\gamma_f > 15°$ 时，θ 取 70°
3. 多用于单轴自动车床

2.2 成形车刀的前角和后角

成形车刀的前角 γ_f 和后角 α_f 可参考表 2.4 选取，但必须校验刀具廓形上 κ_r 最小处切削刃的后角 α_o，一般不得小于 2°，否则必须采取措施加以解决。

表 2.4 成形车刀的前角 γ_f 和后角 α_f

工件材料		材料的力学性能	前角 γ_f	成形车刀类型	后角 α_f
钢		< 0.5	20°	圆体型	10°～15°
		0.5～0.6	15°		
		0.6～0.8	10°		
		> 0.8	5°		
铸铁		160～180	10°	棱体型	12°～17°
		HBS 180～220	5°		
		> 220	0°		
青铜			0°	平体型	25°～30°
黄铜	H62		0°～5°		
	H68		10°～15°		
	H80～H90		15°～20°		
铝、紫铜			25°～30°		
铅黄铜 HPb59－1			0°～5°		
铝黄铜 HA159－3－2					

注：1. 本表仅适用于高速钢成形车刀。如为硬质合金车刀，加工钢料时，可取表中数值减去 5°
2. 工件为正方形、六角形棒料时，γ_f 值应减小 2°～5°

2.3 成形车刀的样板

成形车刀的廓形通常用样板检验，此样板称为工作样板，它的磨损情况是用校验样板检验的。故成形车刀的样板应进行成对设计与制造。

成形车刀样板的廓形与成形车刀的廓形（包括附加切削刃）完全相同，尺寸标注的基准应是刀具廓形尺寸的标注基准，即工件廓形表面精度要求最高的表面是尺寸标注基准。样板廓形的尺寸偏差可取为 ±0.01 mm（工件表面精度要求不高时，偏差可取大些）。样板工作表面的粗糙度为 $Ra\,0.08～0.16\ \mu m$，其余表面为 $Ra\,0.8\ \mu m$。

样板常用低碳钢 15、20 制造，渗碳淬火后为 56～62HRC，也可用优质碳素工具钢 T10A 制造。厚度约为 1.5～2 mm。

为手持样板方便,样板边长不应小于 30 mm;角边处钻有工艺孔,以便于穿挂和热处理;廓形表面转角处钻有小孔,以保证廓形密合良好,也可防止热处理时的应力集中。

2.4 成形车刀的技术条件

1. 刀具材料

成形车刀尺寸较小时,整体用高速钢制造,热处理 62～66HRC。尺寸较大时,切削部分用高速钢制造,而刀体部分用 45 钢或 40Cr 制造,热处理至 38～45HRC。

2. 表面粗糙度

(1) 前、后刀面为 $Ra0.2~\mu m$;

(2) 基准表面为 $Ra0.8~\mu m$;

(3) 其余表面为 $Ra1.6 \sim 3.2~\mu m$。

3. 成形车刀尺寸公差

(1) 廓形公差可按表 2.5 选取。

表 2.5 成形车刀的廓形公差   mm

工件直径或宽度公差	刀具廓形深度公差	刀具廓形宽度公差
～0.12	0.020	0.040
～0.20	0.030	0.060
～0.30	0.040	0.080
～0.50	0.060	0.100
＞0.50	0.080	0.200

注:表中所列公差值,其偏差为对称分布

(2) 圆体成形车刀的结构尺寸误差。

① 外径 d_0 的尺寸偏差可按 h11～h13 选取;

② 内孔 d 的尺寸偏差可按 H6～H8 选取;

③ 前刀面对轴心线平行度误差在 100 mm 长度上不得超过 0.15 mm;

④ 前刀面至刀具轴线距离 h_0 的偏差取为 $\pm(0.1\sim0.3)$mm;

⑤ 刀具安装高度 H 的偏差为 $-(0.1\sim0.3)$mm;

⑥ 图中未注角度偏差为 $\pm1°$。

(3) 棱体成形车刀结构尺寸误差。

① 两侧面对燕尾槽基准面垂直度误差在 100 mm 长度上不得超过 0.02～0.03 mm;

② 廓形对燕尾槽基准面平行度误差在 100 mm 长度上不得超过 0.02～0.03 mm;

③ 刀具高度 H 的偏差取为 ±2 mm;

④ 宽度 L_0 和厚度 B 偏差如未注出可按 h11 选取;

⑤ 楔角 $\beta_f(\beta_f=90°-\gamma_f-\alpha_f)$ 偏差取为 $\pm(10'\sim30')$;

⑥ 廓形角度偏差如未注出,可取为 $\pm1°$。

2.5 成形车刀的刀夹

成形车刀的刀夹有正切与反切之分,分别置于机床的前刀架、后刀架与横刀架上。

棱体成形车刀的刀夹常用燕尾斜块夹固结构(图 2.5),主要用于多轴自动车床。工作原理为:刀夹体 2 与刀夹体垫 1 由两个带 T 形键的螺栓 3 固定于机床滑板上,成形车刀 11 被活动燕尾斜块 12 及紧固螺钉 14 紧固于刀夹体燕尾槽内,托架 8 紧固在刀夹体上以支撑成形车刀,增加刚性。用对刀样板 9 与调节螺钉 10 调整装刀高度。拧动刀夹体两侧的调节螺钉 13,可使刀夹体同成形车刀绕柱销 5 转动,以调整成形车刀的安装基准面 $K-K$ 与工件轴线平行。此结构调整迅速、可靠、刚性较好,常用于大切深成形车刀。

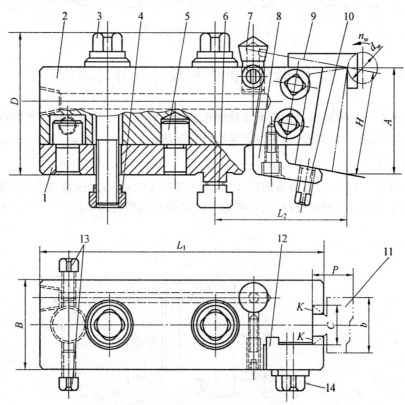

图 2.5 棱体成形车刀的燕尾斜块夹固刀夹(置于前刀架)
1—刀夹体垫;2—刀夹体;3—螺栓;4、6—T 形键;5—柱销;7—冷却管接口;8—托架;
9—对刀样板;10、13—调节螺钉;11—成形车刀;12—活动燕尾斜块;14—紧固螺钉

用于多轴自动车床的圆体成形车刀的刀夹如图 2.6 所示。

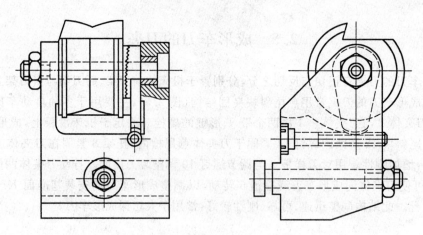

图 2.6 圆体成形车刀刀夹

2.6 成形车刀的廓形设计计算与举例

设计成形车刀的重要内容是根据工件廓形设计计算成形车刀的廓形。下面将通过设计实例,给出廓形设计计算方法,其中包含廓形计算方法。

1. 原始条件

工件如图 2.7 所示,材料为易削钢 Y15,圆形棒料 $\phi 32$ mm,大批量生产;用成形车刀需加工出全部外圆表面及预切槽;所用机床为 C1336 单轴转塔自动车床。

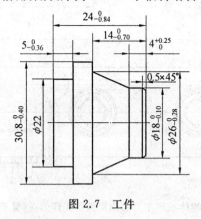

图 2.7 工件

2. 设计要求

设计圆体成形车刀和棱体成形车刀。

2.6.1 圆体成形车刀设计

设计步骤如下:

(1) 选择刀具材料。选用普通高速钢 W18Cr4V。

(2) 选择前角 γ_f 及后角 α_f。由表 2.4 查得:$\gamma_f = 15°$,$\alpha_f = 10°$。

(3) 画出刀具廓形(包括附加切削刃)计算图(图 2.8)。

① 找出刀具廓形最大处并确定为基准,求出计算半径 r_{jx};

取 $\kappa_r = 20°, a = 3$ mm, $b = 1.5$ mm, $c = 6$ mm, $d = 0.5$ mm(a,b,c,d 的含义见图 2.2)标出工件廓形各组成点 1～12。以 0—0 线(通过 9—10 段切削刃)为基准(该段虽为附加切削刃,但它是刀刃廓形的最大处,应处于机床中心高度上,以满足对刀要求(图 2.5),故取为基准),计算出 1～12 各点处的计算半径 r_{jx}(为避免尺寸偏差值对计算准确性的影响,故常采用计算尺寸——计算半径、计算长度和计算角度来计算)。

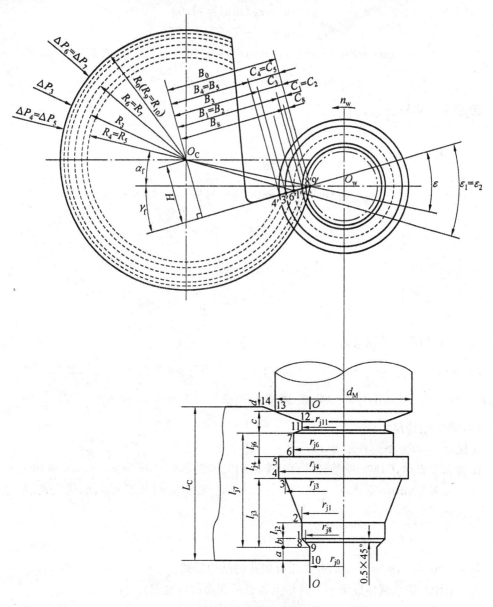

图 2.8 置于前刀架的圆体成形车刀廓形计算图

$$r_{jx} = 基本半径 \pm \frac{半径公差}{2}$$

$$r_{j1}/\text{mm} = r_{j2}/\text{mm} = \frac{18}{2} - \frac{\frac{0.1}{2}}{4} = 9 - \frac{0.1}{4} = 8.795$$

$$r_{j3}/\text{mm} = \frac{26}{2} - \frac{0.28}{4} = 12.930$$

$$r_{j4}/\text{mm} = r_{j5}/\text{mm} = \frac{30.8}{2} - \frac{0.40}{4} = 15.30$$

$$r_{j8}/\text{mm} = r_{j7}/\text{mm} = 11.00$$

$$r_{j8}/\text{mm} = r_{j1} - 0.5 = 8.475$$

$$r_{j9}/\text{mm} = r_{j10}/\text{mm} = r_{j0}/\text{mm} = r_{j1} - (0.5 + 1.0) = 7.475$$

$$r_{j11}/\text{mm} = r_{j12}/\text{mm} = r_{j6} - \frac{0.5}{\tan 20°} = 9.626$$

② 求出计算长度 l_{jx}。

以 1 点为基准点,计算出计算长度 l_{jx}

$$l_{jx} = 基本长度 \pm \frac{公差}{2}$$

$$l_{j2}/\text{mm} = (4 - 0.5) + \frac{0.25}{2} = 3.63$$

$$l_{j3}/\text{mm} = l_{j4}/\text{mm} = (14 - 0.5) + \frac{0.70}{2} = 13.15$$

$$l_{j6}/\text{mm} = 5 - \frac{0.36}{2} = 4.82$$

$$l_{j7}/\text{mm} = (24 - 0.5) - \frac{0.84}{2} = 23.08$$

(4) 计算切削刃总宽度 L_c,并校验 $\frac{L_c}{d_{\min}}$ 之值。

$L_c/\text{mm} = l_{j7} + a + b + c + d = (23.08 + 3 + 1.5 + 6 + 0.5) = 34.08$,取 $L_c = 34$ mm,$d_{\min}/\text{mm} = 2r_{j8} = 2 \times 8.475 = 16.95$,则 $\frac{L_c}{d_{\min}} = \frac{34}{16.95} = 2.0 < 2.5$,允许。

(5) 确定结构尺寸。

应使 $d_0 = 2R_0 \geq 2(A_{\max} + e + m) + d$(图 2.3)。

由表 2.3 查得,C1336 单轴转塔自动车床用圆体成形车刀:$d_0 = 68$ mm,$d = 16$ mm;已知毛坯半径为 16 mm,则 $A_{\max}/\text{mm} = 16 - r_{j8} = 16 - 8.475 = 7.525 \approx 7.5$,代入式(2.4),可得

$$(e + m)/\text{mm} \leq R_0 - A_{\max} - \frac{d}{2} = 34 - 7.5 - 8 = 18.5$$

取 $e = 10$ mm,$m = 8$ mm,并选用带销孔的结构形式。

(6) 用计算法求圆体成形车刀廓形上各点所在圆的半径 R_x。

计算过程见表 2.6。

标注廓形径向尺寸时,应选公差要求最严的 $\overline{12}$ 段廓形作为尺寸标注基准,其他各点用廓形深度 ΔR 表示其径向尺寸,ΔR 见表 2.6。

(7) 根据表 2.6 确定各廓形深度 ΔR 的公差。

表 2.6 圆体成形车刀廓形计算表

$h_c = R_0 \sin(\gamma_f + \alpha_f) = 34\sin(15° + 10°) = 14.36902$
$B_0 = R_0 \cos(\gamma_f + \alpha_f) = 34\cos(15° + 10°) = 30.81446$

mm

廓形组成点	r_{fx}	$\gamma_{fx} = \arcsin\left(\dfrac{r_{f0}}{r_{fx}}\sin\gamma_f\right)$	$C_x = r_{fx}\cos\gamma_{fx} - r_{f0}\cos\gamma_f$	$B_x = B_0 - C_x$	$\varepsilon_x = \operatorname{arccot}\dfrac{h_c}{B_x}$	$R_x = \dfrac{h_c}{\sin\varepsilon_x}$ （取值精度 0.001）	$\Delta R = (R_1 - R_x) \pm d$ （取值精度 0.01）
9,10（作为 0 点）	7.475	15°					$\Delta P_0 = 32.607 - 34 = -1.39 \pm 0.1$
1,2	8.975	$\gamma_{f1} = \arcsin\left(\dfrac{7.475}{8.975}\times\sin 15°\right) = 12.448\,52°$	$C_1 = 8.975\times\cos 12.448\,52° - 7.465\cos 15° = 1.543\,70$	$B_1 = 30.814\,46 - 1.543\,70 = 29.270\,76$	$\varepsilon_1 = \arctan\dfrac{14.369\,02}{29.270\,76} = 26.146\,43°$	$R_1 = \dfrac{14.369\,02}{\sin 26.146\,43°} = 32.607$	0
3	12.930	8.605 29°	5.564 14	25.250 32	29.642 60°	29.052	$\Delta P_3 = 3.56 \pm 0.02$
4,5	15.300	7.264 45°	7.956 89	22.857 57	32.154 82°	27.000	$\Delta P_4 = 5.61 \pm 0.03$
6,7	11.000	10.129 83°	3.608 23	27.206 23	27.840 86°	30.768	$\Delta P_6 = 1.84 \pm 0.1$
8	8.475	13.195 82°	1.030 92	29.783 54	25.754 91°	33.069	$\Delta P_8 = -0.46 \pm 0.1$
11,12	9.626	11.594 51°	2.209 28	28.605 18	26.671 40°	32.011	$\Delta P_{11} = 0.60 \pm 0.1$

注：1. 表中只以 1 点（同 2 点）为例，说明圆体成形车刀半径 R_1 的详细计算过程，其他各点计算过程从略，只给出各步骤的计算结果，ΔP 则以 9、10 点为例计算
2. ΔP 的公差根据表 2.5 确定

(8) 校验最小后角。

7—11 段切削刃与进给方向(即工件端面方向)的夹角最小,因而该段切削刃上的后角为最小,其值为 $\alpha_o = \arctan[(\varepsilon_{11} - \gamma_{f11})\sin 20°] = \text{arccot}[\tan(26.67 - 11.59)\sin 20°] = 5.27°$。

一般要求最小后角不小于 $2°$,因此校验结果合格。

(9) 车刀廓形宽度 l_x,即为相应工件廓形的计算长度 l_{jx},其数值及公差如下(公差按表 2.5 确定,表中未列出者可酌情取为 ± 0.2 mm):

$$l_2 = l_{j2} = (3.63 \pm 0.04)\text{mm}$$
$$l_3 = l_4 = l_{j3} = l_{j4} = (13.15 \pm 0.10)\text{mm}$$
$$l_5 = l_6 = l_{j5} = l_{j6} = (4.82 \pm 0.05)\text{mm}$$
$$l_7 = l_{j7} = (23.08 \pm 0.1)\text{mm}$$
$$l_8 = l_{j8} = (0.5 \pm 0.2)\text{mm}$$

(10) 画出刀具工作图(图 2.9)及样板工作图。

刀具工作图及样板工作图分别如图 2.9 与图 2.10 所示。

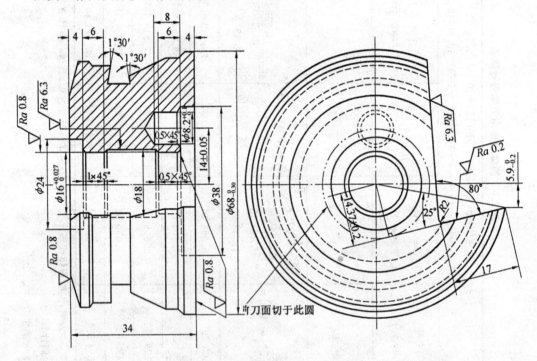

技 术 条 件

1. 刀具材料 W18Cr4V,热处理硬度 63~66HRC;
2. 廓形按样板制造,表面粗糙度不大于 Ra 0.2 μm。

其余 $\sqrt{Ra\ 1.6}$

图 2.9 置于前刀架的圆体成形车刀工作图

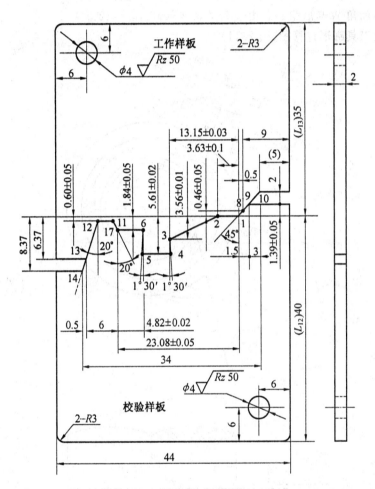

技 术 条 件

1. 材料 20 钢，渗碳淬火 56~62HRC；
2. 廓形表面粗糙度 $Ra\ 0.1$ mm；
3. 未注明角度偏差为 ±5′。

其余 $\sqrt{Ra\ 0.8}$

图 2.10　成形车刀样板

2.6.2 棱体成形车刀设计

工件仍如图 2.7 所示。

(1) 选择刀具材料。仍选用普通高速钢 W18Cr4V 整体制造。

(2) 选择前角 γ_f 与后角 α_f。由表 2.4 取 $\gamma_f=15°$, $\alpha_f=12°$。

(3) 画出刀具廓形计算图(图 2.11)。

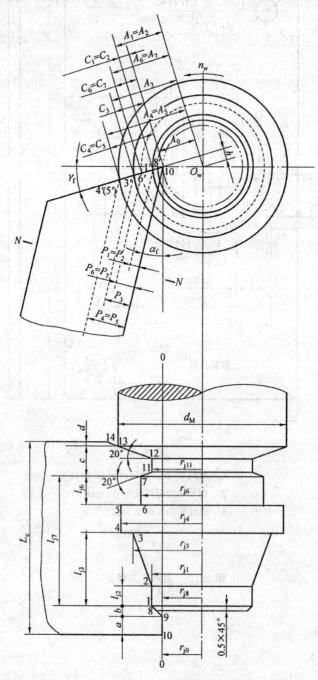

图 2.11　置于前刀架的棱体成形车刀廓形计算图

标出工件廓形上组成点 $1\sim 12$,确定 0—0 线(9—10 段)为基准(因为该处为刀具廓形的最高处,应处于机床中心高度上,以满足对刀要求(图 2.5)),求出 $1\sim 12$ 各点处的计算半径 r_{jx};再以 1 点为基准求出计算长度 l_{jx}(同圆体成形车刀)。

(4) 确定刀具结构尺寸(见表 2.1)。

$L_c=34$ mm,$H=75$ mm,$F=25$ mm,$B=25$ mm,$E=9.2$ mm,$d'=8$ mm,$f=8$ mm,$M=37.62$ mm。

(5) 用计算法求出 N—N 剖面内刀具廓形上各点至 9、10 点(零点)所在后刀面的垂直距离 P_x。

之后选择 1—2 段廓形为基准线(其原因与圆体成形车刀设计相同),计算出刀具廓形上各点到该基准线的垂直距离 ΔP_x,即为所求的刀具廓形深度(计算过程见表 2.7)。

(6) 根据表 2.5 确定各 ΔP_x 公差值(表 2.7)。

(7) 校验最小后角(与圆体成形车刀设计相同)〔略〕。

(8) 确定棱体成形车刀廓形宽度 l_x(与圆体成形车刀设计相同)〔略〕。

(9) 确定刀具的夹固方式采用燕尾斜块式。

(10) 绘制棱体成形车刀工作图与样板图。可参照图 2.1 与图 2.11 绘制,从略。

此例题中的工件廓形均为直线,当工件廓形有圆弧时,可用近似圆弧代替法求出刀具该段廓形,代替方法如下:

图 2.12 中 1—2—3 表示工件半径为 r 的圆弧,中心为 O,廓形深度为 a_p。按表 2.7 所述方法求出刀具廓形深度 P 及 $2'$ 点,再过 1、$2'$、3 三点作圆弧,该圆弧即为刀具廓形的近似圆弧,其半径为 R(一般 $R>r$)。R 及其中心 O_c 位置及两中心距离 e 可由式(2.5)和(2.6)求出

$$R=\frac{2ra_p+P^2-a_p^2}{2P} \tag{2.5}$$

$$e=R-r+a_p-P \tag{2.6}$$

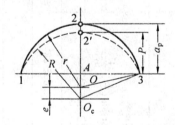

图 2.12 用近似圆弧代替曲线法

2.7 成形车刀设计题选

(1)图 2.13 所示为直管接头座,材料为易切削钢 Y15,用 C1318 自动车床加工。要求设计两把圆体成形车刀(其中一把加工长度为 12 mm 的成形表面,剩余部分为第二把成形车刀加工)。

表 2.7 棱体成形车刀廓形计算表 mm

廓形组成点	r_{jx}	$h=r_{jp}\sin\gamma_{f}=7.475\sin15°=1.93467$ $\gamma_{fx}=\arcsin\left(\dfrac{h}{r_{jx}}\right)$	$A_x=r_{jx}\cos\gamma_{fx}$ $A_0=r_{jp}\cos\gamma_{f}=7.475\cos15°=7.22030$	$C_x=A_0-A_x$	$P_x=C_x\cos(\gamma_{f}+\alpha_{f})$ (取值精度 0.001)	$\Delta P=(P_x-P_1)\pm\delta$ (取值精度 0.001)
9,10 (作为 0 点)	7.475	15°				$\Delta P_0=-P_1=$ -1.38 ± 0.1
1,2	8.975	$\gamma_{f1}=$ $\arcsin\left(\dfrac{1.934467}{8.975}\right)=$ $12.44851°$	$A_1=8.975\times$ $\cos12.44851°=$ 8.76490	$C_1=8.76400-$ $7.22030=$ 1.54370	$P_1=1.54370\times$ $\cos(15°+12°)=$ 1.375	0
3	12.930	8.60528°	12.78444	5.56414	4.958	$\Delta P_3=4.958-1.375$ $=3.58\pm0.02$
4,5	15.400	7.217°	15.277992	8.05769	7.179456	$\Delta P_4=5.80\pm0.03$
6,7	11.000	10.12982°	10.82852	3.60823	3.215	$\Delta P_6=1.84\pm0.1$
8	8.475	13.19581°	8.25122	1.03092	0.919	$\Delta P_8=-0.46\pm0.1$
11,12	9.626	11.59449°	9.42958	2.20928	1.968	$\Delta P_{11}=0.59\pm0.1$

注:1. 表中只以 1 点(同 2 点)为例,说明棱体成形车刀 P_1 的详细计算过程,其他各点计算过程从略,只给出各步骤的计算结果,ΔP 是根据表 2.5 确定的

2. ΔP 的公差是根据表 2.5 确定的

(2)排气阀座如图 2.14 所示,材料为 45 钢,用 C2150.6D 六轴自动车床加工全部成形表面,要求设计棱体成形车刀。

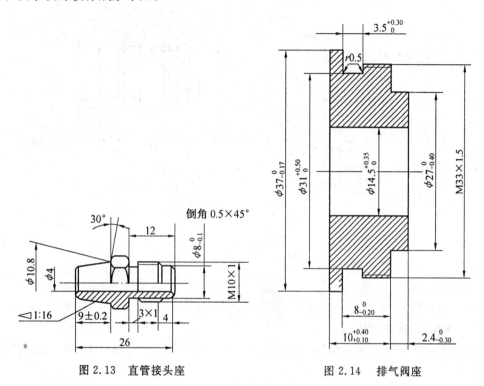

图 2.13　直管接头座

图 2.14　排气阀座

(3)工件如图 2.15 所示,圆形棒料 ϕ24 mm,材料为 Y15,要求加工出整个成形表面。

(4)工件如图 2.16 所示,圆形棒料 ϕ50 mm,材料为 Y15,要求加工出长度为 36 mm 的成形表面。

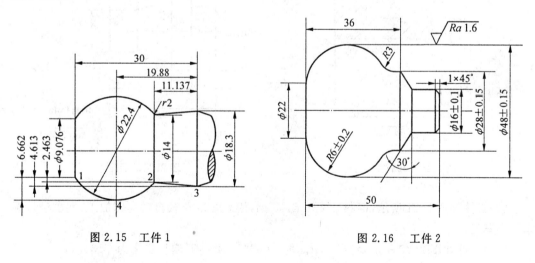

图 2.15　工件 1

图 2.16　工件 2

(5)工件如图 2.17 所示,ϕ34 mm 的 45 钢棒料,要求加工出全部成形表面。

(6)工件为如图 2.18 所示的密封头,毛坯直径为 ϕ34 mm,材料为 2Cr13,要求加工成形表面。

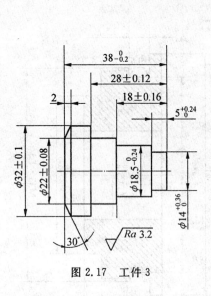

图 2.17 工件 3

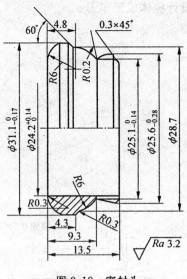

图 2.18 密封头

(7)工件如图 2.19 所示,305 轴承内环,毛坯为 GCr15,棒料 $\phi 38$ mm,用 C2150.6D 六轴自动车床加工,要求设计成形车刀。

(8)用 C1336 单轴自动车床加工如图 2.20 所示工件,棒料 $\phi 34$ mm,45 钢。要求设计圆体成形车刀。

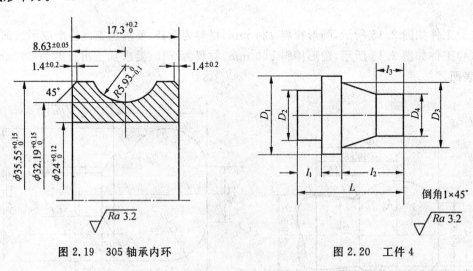

图 2.19 305 轴承内环

图 2.20 工件 4

(9)工件如图 2.21 所示,棒料 $\phi 22$ mm,45 钢,用 C1325 单轴自动车床加工,要求设计圆体成形车刀。

(10)工件如图 2.22 所示,材料为 $R_m(\sigma_b)=0.65$ GPa 钢棒料,机床为 C1336。

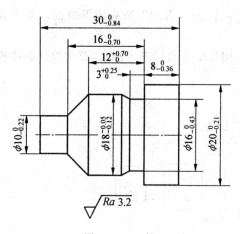
图 2.21 工件 5

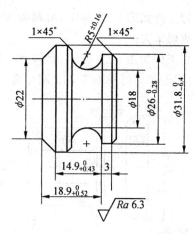
图 2.22 工件 6

(11)如图 2.23 所示的百分表测帽,材料为 H68 棒料,用 C1312 自动车床加工。

(12)工件为如图 2.24 所示的内径千分尺触头主体,材料为 45 钢棒料,直径为 $\phi 18$ mm,用 C1318 自动车床加工。

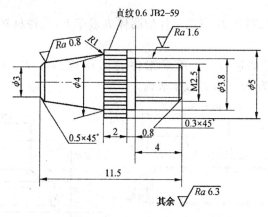
图 2.23 百分表测帽

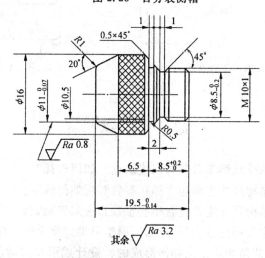
图 2.24 内径千分尺触头主体

(13)工件如图 2.25 所示,材料为 30 钢,棒料 φ35 mm,需加工所有成形表面。要求设计棱体成形车刀。

(14)工件如图 2.26 所示,材料为易削钢 Y15,用 C1325 自动车床加工,要求设计圆体成形车刀(成形车刀可不加工 φ14 圆柱面)。

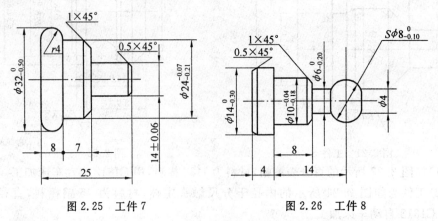

图 2.25　工件 7　　　　　图 2.26　工件 8

(15)要求设计加工如图 2.27 所示工件的圆体成形车刀,工件材料 $R_m(\sigma_b)=0.49$ GPa 碳钢。

(16)要求设计加工如图 2.28 所示工件的圆体成形车刀,工件材料 $R_m(\sigma_b)=0.598$ GPa,只加工长度为 20 mm 的成形表面。

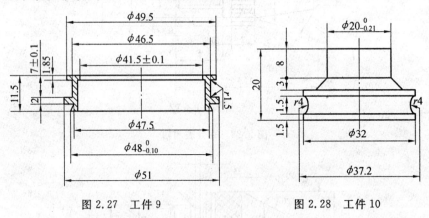

图 2.27　工件 9　　　　　图 2.28　工件 10

思 考 题

1. 棱体成形车刀和圆体成形车刀各有何优缺点?如何选择?
2. 棱体成形车刀的结构尺寸主要包含哪些参数?应如何确定?
3. 圆体成形车刀的结构尺寸主要包含哪些参数?应如何确定?
4. 棱体和圆体成形车刀用钝重磨后,应如何调整刀尖到要求的工作位置?
5. 成形车刀工作时,前角和后角是如何形成的?设计成形车刀时应如何保证获得要求的前角和后角?

6. 成形车刀切削刃上各点的前角和后角都相同吗？为什么？
7. 当成形车刀一部分切削刃段的 $\kappa_r < 2°$ 时，应采取什么措施加以解决？
8. 设计成形车刀需要计算哪个剖面的廓形？为什么？
9. 设计计算时为什么将基准选在 9—10 段？
10. 成形车刀前角和后角的误差对其加工精度有什么影响？
11. 应如何检验成形车刀的廓形？
12. 成形车刀应采用什么材料制造？为什么？
13. 工件廓形为圆锥表面时应该用哪种成形车刀加工才能保证加工误差最小？为什么？
14. 成形车刀应规定哪些技术要求？
15. 成形车刀样板上的各孔有什么作用？
16. 成形车刀样板上的尺寸精度为什么要求较高？

第3章 圆孔拉刀设计

圆孔拉刀是最常见的拉刀,矩形花键拉刀和键槽拉刀等除刀齿刃形与圆孔拉刀不同外,设计方法步骤与其基本相同,故仅以圆孔拉刀为例,说明设计方法与步骤。

3.1 圆孔拉刀工作部分设计

3.1.1 拉削图形的确定

拉削图形也称拉削方式,是指拉刀从工件上切除拉削余量的顺序和方式,是每个拉刀刀齿切除金属层截面的图形。它直接决定拉刀刀齿负荷的分配和加工表面的形成过程,影响拉刀的结构、长度、拉削力、拉刀磨损和使用寿命以及拉削表面粗糙度、拉削效率和拉刀成本。因此,拉刀设计必须首先确定合理的拉削图形。

通常拉削图形分为分层式、分块式和综合式三种(图3.1)。

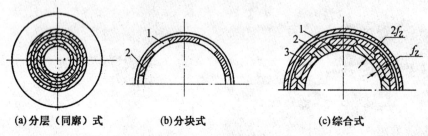

图 3.1 拉削图形

我国圆孔拉刀常采用综合式拉削图形,即精切齿采用分层式中的成形(同廓)式(图3.1(a)),粗切齿采用不分组的分块式(图3.1(b))。这样既保证有较高的拉削效率,又获得了较小的表面粗糙度,故称综合式拉削图形,按此设计的拉刀称综合式圆孔拉刀(图3.2(a)),拉刀截面形状如图(3.2(b))所示。

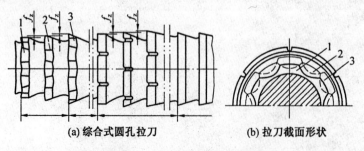

图 3.2 综合式圆孔拉刀及拉刀截面形状

3.1.2 拉削余量的确定

拉削余量 A 可按下列任一种方法确定。

(1) 按经验公式计算。

拉前孔为钻或扩孔时

$$A = 0.005 D_m + (0.1 \sim 0.2) \sqrt{L} \quad \text{mm} \tag{3.1}$$

拉前孔为镗或粗铰孔时

$$A = 0.005 D_m + (0.05 \sim 0.1) \sqrt{L} \quad \text{mm} \tag{3.2}$$

(2) 拉前孔径 D_w 和拉后孔径 D_m 为已知时

$$A = D_{m\max} - D_{w\min} \quad \text{mm} \tag{3.3}$$

(3) 查表 3.1 确定。

表 3.1　圆孔拉削余量　　　　　　　　mm

拉孔直径 D \ 拉孔长度 L		10～18	18～30	30～50	50～80	80～120	120～180	180～260	260～360	360～460
10～16	镗孔	0.3	0.3	0.4	0.5					
	扩孔	0.5	0.6	0.7	0.9					
	钻孔	0.7	0.8	1.0	1.2					
16～25	镗孔		0.4	0.4	0.5	0.6				
	扩孔		0.6	0.7	0.9	1.1				
	钻孔		0.9	1.0	1.3	1.6				
25～40	镗孔			0.4	0.5	0.6	0.7			
	扩孔			0.7	0.9	1.1	1.3			
	钻孔			1.0	1.3	1.6	1.9			
40～60	镗孔			0.5	0.6	0.7	0.8	0.9		
	扩孔			0.8	1.0	0.2	1.4	1.6		
	钻孔			1.1	1.4	1.7	2.0	2.3		
60～100	镗孔				0.7	0.8	0.9	1.0	1.1	
	扩孔				1.1	1.3	1.5	1.7	1.9	
	钻孔				1.5	1.8	2.1	2.4	2.7	
100～160	镗孔				0.9	1.0	1.1	1.2	1.3	
	扩孔				1.3	1.5	1.7	1.9	2.1	
	钻孔				1.7	2.0	2.3	2.6	2.9	
160～250	镗孔				1.7	1.3	1.4	1.5	1.6	
	扩孔					1.8	2.0	2.2	2.4	
	钻孔					2.3	2.6	2.9	3.2	
250～400	镗孔						1.9	2.0	2.1	2.2
	扩孔						2.5	2.7	2.9	3.1
	钻孔						3.1	3.4	3.7	4.0

3.1.3 齿升量的确定

圆孔拉刀的齿升量 f_z 可参考表 3.2 选取。

表 3.2　圆孔拉刀齿升量 f_z　　　　　　　　　　mm

拉刀种类	工件材料			
	钢	铸铁	铝	铜
分层式圆孔拉刀	0.015～0.03	0.03～0.08	0.02～0.05	0.05～0.10
综合式圆孔拉刀	0.03～0.08	—	—	—

3.1.4 齿距的确定及同时工作齿数的计算

齿距 P 可按经验公式计算

$$P=(1.25\sim 1.9)\sqrt{L} \tag{3.4}$$

其中系数（1.25～1.5）用于分层式；（1.45～1.9）用于分块式及带空刀槽的拉刀（图3.3）。

当孔长 L 较大或拉削韧性高强度材料时，系数宜取较大值。计算得到的 P 应取接近的标准值。

通常同时工作齿数 Z_e 可按下式计算

$$Z_e=\frac{L}{P}+1 \tag{3.5}$$

但当孔内有空刀槽时

$$Z_e=\left(\frac{L}{P}+1\right)-\frac{L'_2}{P}-\frac{L-L'_2}{P}+1 \tag{3.6}$$

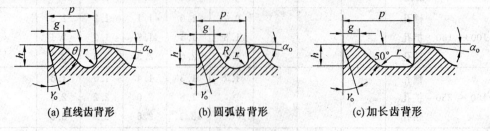

图 3.3　带空刀槽孔

过渡齿齿距取与粗切齿相同，精切齿齿距应小于粗切齿，校准齿齿距同精切齿或为粗切齿齿距的 70%。拉刀总长度允许时也可取均相等的齿距。

3.1.5 容屑槽形状和尺寸的确定

拉削属于封闭式容屑，切下的切屑必须能全部容纳在容屑槽中。容屑槽的形状有三种，即直线齿背形、圆弧齿背形和加长齿背形（图3.4）。

(a) 直线齿背形　　(b) 圆弧齿背形　　(c) 加长齿背形

图 3.4　容屑槽形状

容屑槽的尺寸应满足容屑要求（图3.5），可用容屑系数 K 表示。

$$K=\frac{A_P}{A_D}=\frac{\pi h^2}{4h_D L} \tag{3.7}$$

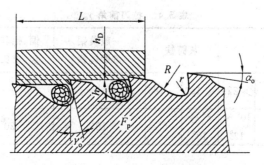

图 3.5 容屑槽的容屑情况

式中 A_p—— 容屑槽纵截面面积，mm^2；

A_D—— 切屑纵截面面积，mm^2，综合式拉削 $A_D=2f_z$；

h_D—— 切削厚度，mm；

L—— 工件孔长度，mm。

容屑系数与工件材料、齿升量和齿距有关，可按表 3.3 选取。

表 3.3 分层式拉刀容屑槽的容屑系数

切削厚度 h_D/mm	加工材料				
	钢 $R_m(\sigma_b)$/GPa			铸铁、青铜、铅黄铜	铜、紫铜、铝、巴氏合金
	<0.4	0.4~0.7	>0.7		
	容 屑 系 数 K				
≤0.03	3	2.5	3	2.5	2.5
>0.03~0.07	4	3	3.5	2.5	3
>0.07	4.5	3.5	4	2	3.5

当齿升量 f_z 和 K 为已知时，可用式(3.8)校验容屑槽深度 h，h 的计算值应取较大者。

$$h \geqslant 1.13\sqrt{Kf_zL} \tag{3.8}$$

当齿升量 f_z 和槽深 h 为已知时，可用式(3.9)校验 K

$$K \leqslant \frac{\pi h^2}{4f_zL} \tag{3.9}$$

3.1.6 合理几何参数的选择

拉刀合理几何参数应包括：前角 γ_o、后角 α_o 及刃带宽度 b_{α}。

(1) 前角 γ_o。按表 3.4 选取。

表 3.4 拉刀前角 γ_o

工件材料	钢			灰铸铁		一般黄铜 可锻铸铁	铜、铝和镁合金，巴氏合金	青铜 铝黄铜
硬度 HBS	≤197	198~229	>229	≤180	>180	—	—	—
前角 γ_o	16°~18°	15°	10°~12°	8°~10°	6°	10°	20°	5°

(2) 后角 α_o 和刃带宽度 b_{a0} 按表 3.5 选取。

表 3.5 拉刀后角 α_o 和刃带 b_{a1}

拉刀类型	粗切齿		精切齿		校准齿	
	$\alpha_{o粗}$	$b_{a粗}$	$\alpha_{o精}$	$b_{a精}$	$\alpha_{o校}$	$b_{a校}$
圆孔拉刀	2°30′+1°	≤0.1	2°+30′	0.1~0.2	1°+30′	0.2~0.3

3.1.7 分屑槽设计

综合式圆孔拉刀拉塑性材料时的粗切齿、过渡齿采用圆弧形分屑槽（表 3.6）。精切齿采用角度形分屑槽（表 3.7），校准齿不开槽。拉脆性材料时各刀齿均不必设计分屑槽。

设计时需注意以下各点：

(1) 槽深 $h_k > f_z$。角度分屑槽的 $\theta > 90°$，$b_k \leq 1.5$ mm，$h_k \leq \frac{1}{2} b_k$ mm，圆弧形分屑槽的刃宽 s_1 略大于槽宽 a。

(2) 槽底后角大于或等于 5°，常取为 $\alpha_o + 2°$，以保证槽两侧刃也有足够的后角。

(3) 分屑槽数 n_k 应保证刃宽 s_1 不太大，常取 $n_k = \frac{\pi d_0}{5 \sim 8}$，并为偶数，以便于刀齿直径的测量。

(4) 最后一个精切齿上不做分屑槽，以保证拉削余量全部去除。

分屑槽槽数 n_k 和尺寸的选取可参见表 3.6 和表 3.7。

表 3.6 圆孔拉刀圆弧形分屑槽

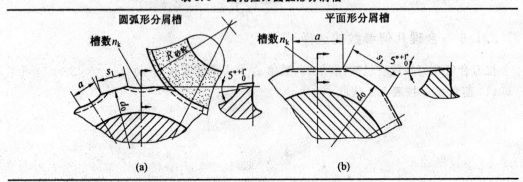

(a)　　　　　　　　(b)

续表 3.6

磨削圆弧形槽的砂轮半径 ≤ 25 mm					
拉刀最小直径 $d_{0\min}$/mm	8~13	13~21	21~31	31~41	41~53
槽数 n_k	4	6	8	10	12
拉刀最小直径 $d_{0\min}$/mm	53~65	65~76	76~89	89~104	104~120
槽数 n_k	14	16	18	20	24
拉刀类型	综合式			轮切式($z_e = 2$)	
槽宽 a/mm	$a = d_{0\min}\sin\dfrac{90°}{n_k} - (0.3 \sim 0.7)$			$a = d_{0\min}\sin\dfrac{90°}{n_k} - (0.15 \sim 0.4)$	
刃宽 s_1/mm	$s_1 = b_D = 2d_{0\min}\sin\dfrac{90°}{n_k} - a$				

注:1. a 和 s_1 计算精确度为 0.1 mm。
2. 当拉刀直径 $d_0 < 25$ mm 时,宜采用平面形分屑槽,但若拉刀齿升量较大时,尚须验算其槽深,槽深大于切削厚度 h_D(对于综合式拉刀 $h_D = 2f_z$。)

表 3.7 圆孔拉刀角度分屑槽

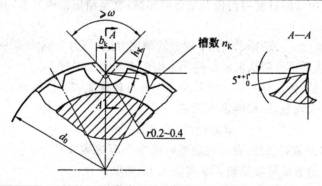

拉刀直径 d_0/mm	分屑槽数(宜取偶数) n_K	槽宽 b_K /mm	槽深 h_K /mm	槽角 ω /(°)
≤25	$\left(\dfrac{1}{6} \sim \dfrac{1}{5}\right)\pi d_0$	0.8~1.0	0.3~0.4	可用 $\omega =$ 45°~60°,但最好用 $\omega > 90°$
25~60	$\left(\dfrac{1}{7} \sim \dfrac{1}{6}\right)\pi d_0$	1.0~1.2	0.4~0.5	
>60	$\left(\dfrac{1}{7} \sim \dfrac{1}{6.5}\right)\pi d_0$	1.2~1.5	0.5~0.6	

3.1.8 拉刀齿数和直径的确定

(1) 拉刀齿数 Z 的确定。

拉刀齿数 Z 可先按式(3.10)估算,以预知拉刀长度,如过长可考虑设计成两把或三把为一套的成套拉刀。

$$Z = \frac{A}{2f_z} + (3 \sim 5) \tag{3.10}$$

切削齿的确切齿数待刀齿直径排出后确定。

过渡齿、精切齿和校准齿的齿数参见表 3.8 选取。

表 3.8 圆孔拉刀的过渡齿和精切齿及校准齿的齿数

加工孔精度	粗切齿齿升量 f_z/mm	过渡齿齿数	精切齿齿数	校准齿齿数
IT7～IT8	0.06～0.15	3～5	4～7	5～7
	0.15～0.3	5～7		
	>0.3	6～8		
IT9～IT10	～0.2	2～3	2～5	4～5
	>0.2	3～5		

(2) 刀齿直径 d_0 的确定。

第一个粗切齿可不设齿升量,等于预制孔的最小直径,也可稍大于预制孔最小直径,但其切削厚度 h_D 应小于 f_z;其余粗切齿直径均为前个刀齿直径加 2 倍 f_z;精切齿也如此,但最后一个精切齿直径应与校验齿直径相同。

粗切与精切齿中间的过渡刀齿齿升量逐渐递减,直至精切齿齿升量,其直径也等于前个刀齿直径加 2 倍 f_z。

拉刀切削齿(粗切、过渡、精切刀齿)直径的排列方法,应首先确定第一个粗切齿和最后一个精切齿直径,然后再分别从前和后两个方向向中间排出为好。

校准齿无齿升量,各直径相同。但应考虑工件材料性能和孔壁厚薄的不同,拉削后有可能产生孔收缩或扩张现象,故校准齿直径

$$d_{0校} = D_{mmax} \pm \Delta \quad mm \tag{3.11}$$

式中 Δ——孔收缩或扩张量,拉后孔收缩时取"+",反之取"-"。

孔收缩或扩张的数值可参见表 3.9 和表 3.10 选取。

表 3.9 一般拉削孔径扩张量(参考值)   μm

孔直径公差	直径扩张量	孔直径公差	直径扩张量	孔直径公差	直径扩张量
25	0	35～60	5	180～290	30
27	2	60～100	10	300～340	40
30～33	4	110～170	20	>400	50

表 3.10 拉削韧性金属和薄壁件时孔径收缩量(参考值)

孔径公差等级	孔直径基本尺寸/mm				
	10～18	18～30	30～50	50～80	80～120
	直径收缩量/μm				
H7	10	11	11	12	13

注:公差等级为 H8、H9 的孔,收缩量可将上述值减少 3～6 μm

3.2 圆孔拉刀其他部分设计

3.2.1 柄部与颈部及过渡锥设计

拉刀颈部结构及长度如图 3.6 所示,此结构及尺寸已标准化(表 3.11),颈部直径可与柄部相同或略小于柄部直径,长度与拉床型号有关。颈部与过渡锥总长为

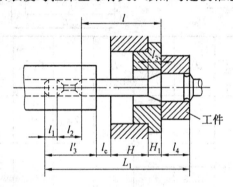

图 3.6 拉刀颈部结构及长度

$$l = H_1 + H + l_c + (l'_1 - l_1 - l_2) \quad \text{mm} \tag{3.12}$$

式中　H——拉床床壁厚度,L6110、L6120、L6140 分别为 60 mm、80 mm、100 mm;

　　　H_1——花盘厚度,L6110、L6120、L6140 分别为 30 mm、40 mm、50 mm;

　　　l_c——卡盘与床壁间隙,分别为 5 mm、10 mm、15 mm;

　　　$l'_3 - l_1 - l_2$——分别为 20 mm、30 mm、40 mm;

　　　l——分别取 125 mm、175 mm、225 mm;

　　　l_3——过渡锥可按拉刀直径取 10～20 mm;

$$L_1 = l_1 + l_2 + l_3 + l_4 \quad \text{mm} \tag{3.13}$$

式中　l_1、l_2——柄部长度,mm;

　　　l_4——前导部长度,mm。

表 3.11 圆柱形前柄 Ⅱ 型 GB/T3832.2—1008

d_1 尺寸	d_1 公差 f8	d_2 尺寸	d_2 公差 h12	d'_1	l_1	l_2	l'_3 ①	l'_4 ①	c	e 尺寸	e 公差 e8
8	-0.013 -0.035	6.0	0 -0.150	7.8	12	20	70	80	2	6.50	-0.025 -0.047
9		6.8		8.8						7.40	
10		7.5		9.8						8.25	
11	-0.016 -0.043	8.2		10.8	16		80	90	3	9.10	-0.032 -0.059
12		9.0		11.7						10.00	
14		10.5		13.7						11.75	
16		12	0 -0.180	15.7						13.50	
18		13.5		17.7						15.25	
20	-0.020 -0.053	15		19.7	20	25	90	100	4	17.00	-0.040 -0.073
22		16.5		21.7						18.75	
25		19		24.7						21.50	
28		21		27.6						24.00	
32	-0.025 -0.064	24	0 -0.210	31.6	25	32	110	125	5	27.50	-0.050 -0.089
36		27		35.6						31.00	
40		30		39.6						34.50	
45		34		44.5						39.00	
50		38	0 -0.250	49.5						43.50	
55		42		55.4						48.50	
63	-0.03 -0.076	48		62.4	32	40	130	140	6	55.00	-0.060 -0.106
70		53		69.4						61.00	
80		60	0 -0.300	79.2						69.50	
90	-0.036 -0.090	68		89.2	40	50	160	170	8	78.50	-0.072 -0.126
100		75		99.2						87.00	

注:l_3 内应保证公差为 f8,l_3 称磨光长度,l'_3、l'_4 为参考尺寸

3.2.2 前后导部及尾部

前导部长度 l_4 可等于拉削长度 L,当 $\frac{L}{D}$ 时,可取 $l_4 = 0.75L$。

前导部直径 $d_4 = D_{wmin}$(预制孔最小直径),公差按 f8 查得。

后导部长度 $l_5 > \frac{1}{2}L$,但 $l_5 \geqslant 20$ mm,孔内有空刀槽时(图 3.3)

$$l_5 = L'_1 + L'_2 + (5 \sim 10) \quad \text{mm}$$

后导部直径 $d_{05} = D_{mmin}$,公差取 f7。

长重拉刀需制尾部,其长度 $l_6 = (0.5 \sim 0.7)D_m$,直径 d_{06} 等于托架衬套孔径。

3.2.3 拉刀总长度

拉刀总长度 L_0 一般可查表 3.12 选取,若大于表中推荐长度时应修改设计或设计成套拉刀。

表 3.12 圆孔拉刀允许总长度及偏差   mm

拉刀直径 d_0	12~15	>15~20	>20~25	>25~30	>30~50	>50
拉刀总长度 L_0	600	800	1 000	1 200	1 300	1 600
长度偏差	±3			±5		

3.3 圆孔拉刀强度及拉床拉力校验

3.3.1 最大拉削力计算

综合式圆孔拉刀的最大拉削力 F_{max} 按式(3.14)计算

$$F_{max} = F'_c \pi \frac{d_0}{2} Z_e \quad \text{N} \tag{3.14}$$

式中 F'_c——切削刃上单位长度的拉削力,N/mm,可由表 3.13 查出。

对综合式圆孔拉刀查 F'_c 时,需按 $h_D = 2f_z$ 查得。

表 3.13 拉刀切削刃单位长度拉削力 F'_c N/mm

切削厚度 h_D /mm	工件材料硬度(HBS)								
	碳 钢			合 金 钢			铸 铁		
							灰 铸 铁		可锻铸铁
	≤197	>197~229	>229	≤197	>197~229	>229	≤180	>180	
0.01	64	70	83	75	83	89	54	74	62
0.015	78	86	103	99	108	122	67	80	67
0.02	93	103	123	124	133	155	79	87	72
0.025	107	119	141	139	149	165	91	101	82
0.03	121	133	158	154	166	182	102	114	92
0.04	140	155	183	181	194	214	119	131	107

续表 3.13   N/mm

切削厚度 h_D/mm	工件材料硬度(HBS)								
	碳 钢			合 金 钢			铸 铁		
							灰 铸 铁		可锻铸铁
	≤197	>197~229	>229	≤197	>197~229	>229	≤180	>180	
0.05	160	178	212	203	218	240	137	152	123
0.06	174	191	228	233	251	277	148	163	131
0.07	192	213	253	255	277	306	164	181	150
0.075	198	222	264	265	286	319	170	188	153
0.08	209	231	275	275	296	329	177	196	161
0.09	227	250	298	298	322	355	191	212	176
0.10	242	268	319	322	347	383	203	232	188
0.11	261	288	343	344	374	412	222	249	202
0.12	280	309	368	371	399	441	238	263	216
0.125	288	320	380	383	412	456	245	274	226
0.13	298	330	390	395	426	471	253	280	230
0.14	318	350	417	415	448	495	268	297	245
0.15	336	372	441	437	471	520	284	315	256
0.16	353	390	463	462	500	549	299	330	271
0.17	371	408	486	486	526	581	314	346	285
0.18	387	428	510	515	554	613	328	363	296
0.19	403	446	530	544	589	649	339	381	313
0.20	419	464	551	565	608	672	353	394	320
0.21	434	479	569	569	631	697	368	407	332
0.22	447	493	589	608	654	724	378	419	342
0.23	459	507	604	628	675	748	387	430	351
0.24	471	521	620	649	696	771	402	442	361
0.25	486	535	638	667	716	795	413	456	369
0.26	500	550	653	693	739	818	421	468	383
0.27	515	563	669	708	761	842	436	478	394
0.28	530	577	687	726	783	866	446	491	405
0.29	539	589	706	746	814	903	453	500	411
0.30	553	603	716	770	829	915	467	512	423

3.3.2 拉刀强度校验

拉刀所受拉应力按式(3.15)计算

$$\sigma = \frac{F_{max}}{A_{min}} \leqslant [\sigma] \tag{3.15}$$

式中 A_{min}——拉刀危险截面面积,mm^2,危险截面可能是柄部或第一个切削齿的容屑槽底部。常用高速钢的许用应力$[\sigma] = 350 \sim 400\ MPa$。

3.3.3　拉床拉力校验

拉刀的最大拉削力应小于拉床额定拉力,可按式(3.16)计算

$$F_{\max} \leqslant K_m F_m \tag{3.16}$$

式中　　F_m——拉床额定拉力,N;

　　　　K_m——拉床状态系数。新拉床,$K_m=0.9$;状态较好旧拉床,$K_m=0.8$;状态不良旧拉床,$K_m=0.5 \sim 0.7$。

3.4　圆孔拉刀技术条件

3.4.1　拉刀材料及热处理与许用应力

拉刀常用高速钢 W18Cr4V 整体制造,拉削难加工材料时往往需要采用特殊性能高速钢。为节省贵重材料,拉刀常采用柄部为合金钢与切削部为高速钢的对焊形式。高速钢的许用应力取 350~400 MPa,合金钢取 250~300 MPa。热处理要求:刃部与后导部,63~66HRC;前导部 60~66HRC;柄部,40~52HRC。

3.4.2　拉刀各部分刀齿的几何角度偏差

拉刀各部分刀齿的几何角度偏差见表 3.14。

表 3.14　拉刀各部分刀齿的几何角度偏差

前角 γ_o	后角 α_o		
	$\alpha_{o粗}$	$\alpha_{o精}$	$\alpha_{o校}$
$\pm 1°30'$	$+1°$ 0	$+30'$ 0	$+30'$ 0

3.4.3　拉刀主要部位表面粗糙度

拉刀主要部位表面粗糙度见表 3.15。

表 3.15　拉刀主要部位表面粗糙度　　　　　　　　μm

刀齿前刀面和后刀面		圆孔拉刀、花键拉刀、精密拉刀	$Ra\,0.2$
		键槽拉刀、平面拉刀	$Ra\,0.4 \sim 0.2$
刃带表面	$Ra\,0.2 \sim 0.1$	前导部表面	$Ra\,0.4$
后导部表面	$Ra\,0.4$	柄部表面	$Ra\,0.4$
颈部表面	$Ra\,1.5$	过渡锥表面	$Ra\,0.8$
中心孔表面	$Ra\,0.4$	容屑槽表面	$Ra\,1.5 \sim 0.8$

3.4.4　拉刀各部分刀齿直径偏差

拉刀各部分刀齿直径偏差见表 3.16~3.18。

表 3.16　拉刀直径在全长上的最大跳动量　　　　　　　mm

拉刀长度与直径比值	<15	>15~25	>25~40	>40
最大跳动量（同一个方向）	0.02	0.03	0.04	0.05

表 3.17　拉刀粗切齿外圆直径偏差　　　　　　　　　　mm

齿升量 f_z/mm	粗切齿直径偏差	相邻两齿直径偏差
<0.03	±0.005	0.005
>0.03~0.05	±0.008	0.008
>0.05~0.07	±0.012	0.012
>0.07	±0.015	0.015

表 3.18　拉刀精切齿和校准齿直径偏差　　　　　　　　mm

外径公差/mm	<0.025	>0.025~0.035	>0.035~0.055	>0.055
校准齿和精切齿	−0.005	−0.007	−0.009	−0.011

注：校准齿与其尺寸相同的精切齿一致性为 0.005 mm，且不允许有正锥度

3.5　圆孔拉刀设计举例

已知条件：预制孔直径 $D_w=21$ mm，钻孔（图 3.7），45 钢，170～217HB，L6110 拉床 (100 kN)。

设计步骤：

(1) 拉刀材料：$W_{18}Cr_4V$（整体）。

(2) 拉削方式：综合式。

(3) 拉削余量：$A/\text{mm} = D_{mmax} - D_{wmin} = 22.023 - 21.0 = 1.023$。

(4) 齿升量：取 $f_{z粗}=0.04$ mm，$f_{z精}=0.01$ mm。

(5) 切削齿齿距：$P/\text{mm} = (1.3\sim1.6)\sqrt{L} = 1.5\sqrt{40} = 9.5$，取 $P=10$ mm。

(6) 同时工作齿数：$Z_e = \dfrac{L}{P_1} + 1 = \dfrac{40}{10} + 1 = 5$。

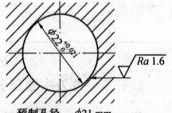

预制孔径　$\phi21$ mm
拉削长度 L　40 mm
工件材料　45 钢
170~217HB

图 3.7　工件

(7) 容屑槽形状：直线齿背型，因满足需要且制造简单。

(8) 容屑系数：$K=3$（表 3.2）

校验 $h/\text{mm} \geqslant 1.13\sqrt{2f_zLK} = 1.13\sqrt{2\times0.04\times40\times3} = 3.62$

(9) 容屑槽尺寸：取 $h=4$ mm，$g=3$ mm，$r=2$ mm。

(10) 切削齿前角：$\gamma_o=15°$，后角：$\alpha_o=2°30'\pm1°$。

(11) 分屑槽数：取 $n_{k粗}=8$，$n_{k精}=12$。

(12) 粗算切削齿数 Z：

$$Z = \frac{A}{2f_z} + (3 \sim 5) = \frac{1.023}{2 \times 0.04} + (3 \sim 5) = 16 \sim 18$$

确切齿数见刀齿直径排列表。

(13) 校准齿直径　$d_{0校}/\text{mm} = D_{m\max} - \Delta = 22.023 - 0 = 22.023$。

(14) 校准齿齿距及容屑槽尺寸：取 $P_{校} = 10$ mm, $h_{校} = 4$ mm（与切削齿相同），$g_{校} = 3$ mm, $r_{校} = 2$ mm。

(15) 校准齿齿数：取 $Z_{校} = 5$。

(16) 校准齿几何角度：$\gamma_{o校} = 15° \pm 1°30'$（与切削齿相同，制造方便），$\alpha_{o校} = 1° \pm 15'$。

(17) 刃带宽度：$b_{a粗} = 0.1$ mm ($\leqslant 0.1$ mm), $b_{a精} = 0.15$ mm ($0.1 \sim 0.15$ mm), $b_{a校} = 0.2$ mm ($0.2 \sim 0.3$ mm)。

(18) 柄部尺寸：取 $d = 20^{-0.02}_{-0.053}$ mm。

(19) 颈部尺寸：$d_2 = 15^{0}_{-0.18}$ mm, $l_1 = 20$ mm, $l_2 = 25$ mm, $l = 125$ mm；过渡锥长度：$l_3 = 10$ mm。

(20) 前导部：$d_4 = 21^{-0.04}_{-0.073}$ mm, $l_4 = 40$ mm。

(21) 后导部：$d_5 = 22^{-0.020}_{-0.041}$ mm, $l_5 = 50$ mm。

(22) 柄部最前端至第 1 切削齿距离 $L_1 = l_1 + l_2 + l + l_4 = 210$ mm。

(23) 最大拉削力。

$$F_{\max}/\text{kN} = F'_c \pi \frac{d_0}{2} Z_e = 23.1 \times 3.14 \times \frac{22}{2} \times 5 = 39\ 894 = 39.894$$

$$F_{\max} < F_m = 100 \text{ kN}$$

(24) 拉刀强度校验。

$$\sigma = \frac{F_{\max}}{A_{\min}} \leqslant [\sigma]$$

因为　　　　　　　　　$d_{\min}/\text{mm} = 20 - 8 = 12$

$$A_{\min}/\text{mm} = \frac{\pi d_{\min}^2}{4} = \frac{3.14 \times 12}{4} = 113$$

所以　　　　　　$\sigma/\text{MPa} = \frac{39\ 894}{113} = 353 < 400 \text{ MPa}$，允许。

(25) 切削齿直径。　　　　$d_{0n+1} = d_{0n} + 2f_z$

具体尺寸见工作图刀齿排列表。

$$Z_{粗} = 14, Z_{精} = 5$$

(26) 切削部长度。

$$l_{粗}/\text{mm} = 10 \times 14 = 140, l_{精}/\text{mm} = 10 \times 5 = 50$$

(27) 校准部长度。　　　$l_{校}/\text{mm} = 10 \times 5 = 50$

(28) 拉刀总长度。

$$L_0/\text{mm} = l_1 + l_2 + l + l_4 + l_{粗} + l_{粗} + l_{校} + l_5 =$$
$$20 + 25 + 125 + 40 + 140 + 50 + 50 + 20 = 470$$

(29) 绘制综合式圆孔拉刀工作图并列出拉刀各刀齿直径及技术条件，如图 3.8 所示。

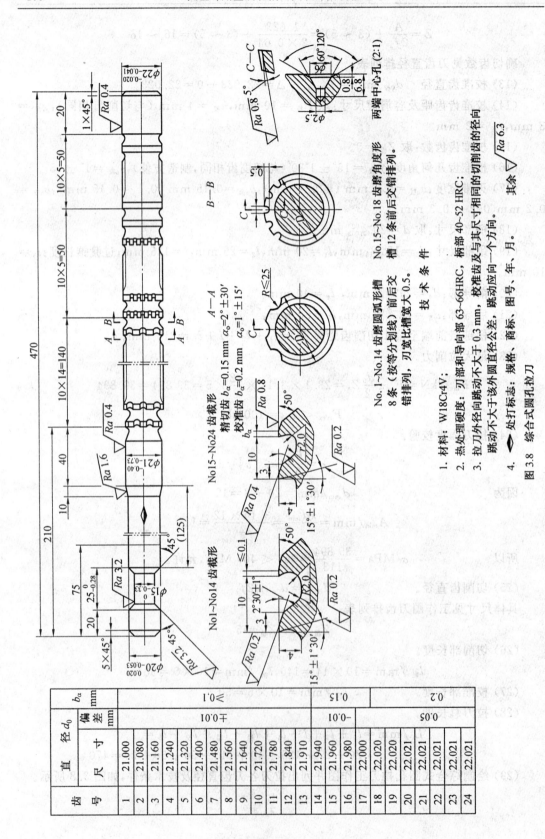

图 3.8 综合式圆孔拉刀

3.6 圆孔拉刀设计题选

圆孔拉刀设计题选见表 3.19。

表 3.19 圆孔拉刀设计题选表

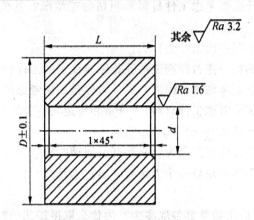

题号	工件材料	D/mm	d/mm	L/mm	热处理状态
1	45 钢	170	$50^{+0.025}_{0}$	60	调质
2	35 钢	160	$40^{+0.025}_{0}$	80	正火
3	40Cr	150	$26^{+0.021}_{0}$	65	调质
4	HT200	200	$60^{+0.030}_{0}$	60	
5	HT200	200	$56^{+0.025}_{0}$	50	
6	50Cr	180	$50^{+0.025}_{0}$	50	正火
7	ZQSn10－5	160	$46^{+0.025}_{0}$	64	

思 考 题

1. 圆孔拉刀为什么常采用综合式拉削图形？
2. 确定拉削余量时，为什么预制孔为钻孔时要比镗铰孔时的数值大？
3. 确定齿升量时为什么要考虑工件材料和粗精加工情况？其值能小于 0.005 mm 吗？为什么？
4. 确定齿距时要考虑哪些因素？为什么？
5. 齿距确定情况下的拉刀能否拉削工件孔长度改变了的工件？
6. 容屑槽形状的确定要考虑哪些因素？设计时你是如何考虑的？为什么？
7. 容屑槽尺寸的确定要考虑工件材料、齿升量和齿距吗？为什么？
8. 容屑槽尺寸为什么要系列化？
9. 拉削韧性材料时拉刀切削刀齿为什么要开分屑槽？槽数为什么常取偶数？分屑槽为什么前后刀齿要错开？精切齿最后一个刀齿要开吗？为什么？校准齿为什么不开？拉削脆性材料时为什么不开？
10. 拉刀各种刀齿的后角通常都各取多少？为什么取得如此小？
11. 拉刀各种刀齿后刀面为什么都留有刃带？宽度如何确定？为什么？
12. 拉刀精切齿齿数是如何确定的？同时工作齿数如何确定？为什么？
13. 拉刀总长度为什么要有限制？
14. 拉刀柄部结构尺寸为什么要标准化？
15. 拉刀后导部尺寸精度为什么比前导部要求高？
16. 用你设计的拉刀能拉削孔长度改变、工件材料改变的工件吗？为什么？

第4章 蜗轮滚刀设计

蜗轮滚刀属于专用刀具。加工蜗轮时，可采用两种进给方式，即切向进给和径向进给。切向进给加工蜗轮时齿面粗糙度值小，滚刀的使用寿命长，特别是滚刀螺纹头数较多时，加工出的蜗轮齿近端面处不会产生过切，从而增加了与蜗杆啮合的接触区域。因此，加工一般精度蜗轮时，只要有可能（滚齿机有切向进给刀架和允许蜗杆径向装配），应尽量采用切向进给法。缺点是加工效率较低。

如无切向进给刀架时，只有采用径向进给法。

4.1 蜗轮滚刀的结构形式及尺寸

4.1.1 结构形式

蜗轮滚刀均有带孔式和连轴式两种结构。确定滚刀结构形式时，应根据滚刀内孔的最小壁厚不等式校验刀体强度，即

$$\frac{d_{a0}}{2} - H_k - \left(t'_1 - \frac{d}{2}\right) \geqslant 0.3d \tag{4.1}$$

如满足，说明刀体强度足够，可以制作成带孔式结构（图4.1）；否则，应制作成连轴式结构（图4.2）。

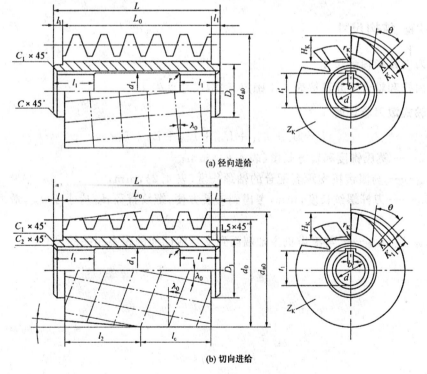

图 4.1 带孔式蜗轮滚刀

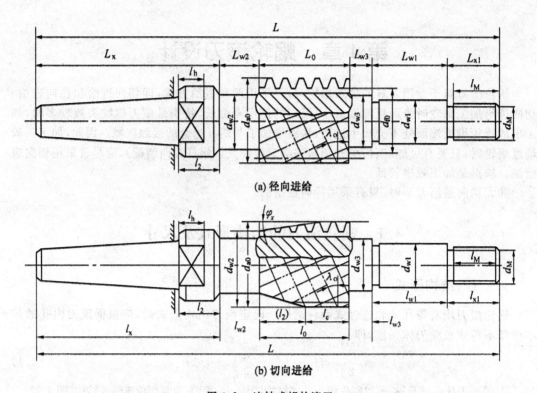

图 4.2 连轴式蜗轮滚刀

4.1.2 结构尺寸

1. 滚刀内孔和轴台尺寸

滚刀内孔和轴台尺寸可按表 4.1 确定,键槽尺寸见表 4.8。

2. 连轴式滚刀总长度

$$L = L_x + L_{w1} + L_{x1} + L_{w3} + L_0 + L_{w2} \tag{4.2}$$

式中 L_x——莫氏锥度和扁方长度(表 4.2),mm;

L_{w1}——与滚齿机支承套配合的轴颈长度(表 4.2),mm;

L_{x1}——刀杆螺纹长度,mm,考虑到安装方便,螺纹直径 d_M 应小于 d_{w1},最大取相等值;

L_{w3}、L_0、L_{w2}——与滚齿机主轴端面到支承端面间的距离相关的尺寸。

表 4.1　带孔式蜗轮滚刀的内孔直径与轴台尺寸及其偏差　　　　　　　　mm

蜗轮滚刀外径 d_{e0}	内孔直径 d	内孔直径偏差 AA、A、B 级	内孔直径偏差 C 级	轴台尺寸 直径 D_1	轴台尺寸 宽度 l
<30	13	+0.011 / 0	+0.019 / 0	22	5
30~50	16			25	
50~70	22	+0.013 / 0	+0.023 / 0	35	5
70~90	27			40	
90~130	32	+0.015 / 0	+0.027 / 0	50	5
130~180	40			60	
180~240	50			75	
>240	60	+0.018 / 0	+0.030 / 0	85	5

(1) 连轴式径向进给滚刀的 L_{w2} 和 L_{w3}。

连轴式径向进给滚刀 L_{w2} 和 L_{w3} 的长度(图 4.3),应保证滚刀切削部分的中部与滚齿机刀架回转中心大致重合。即

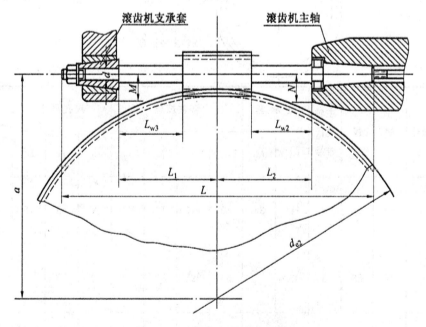

图 4.3　连轴式径向进给滚刀

$$L_{w2} \geqslant L_{2\min} - \frac{L_0}{2}$$
$$L_{w3} \geqslant L_{1\min} - \frac{L_0}{2}$$
(4.3)

为了使连轴式滚刀能在选定的滚齿机上正常工作，求出的 L_{w2} 和 L_{w3} 还应同时满足式 (4.4) 即

$$L_{1\min} + L_{2\min} \leqslant L_{w2} + L_0 + L_{w3} \leqslant L_{1\max} + L_{2\max} \quad (4.4)$$

式中 $L_{1\min}$、$L_{2\min}$、$L_{1\max}$、$L_{2\max}$ —— 滚齿机刀架参数，见表 4.2。

此时，与其对应的直径 d_{w2} 和 d_{w3} 应等于或略小于 $(d_{a0} - 2H_K)$，但不得小于 d_{w1}，以保证刀杆刚度，必要时允许大于 $(d_{a0} - 2H_K)$，虽在加工蜗轮滚刀容屑槽时会铣到刀杆，但对滚刀工作没有影响。

表 4.2 滚齿机刀架参数   mm

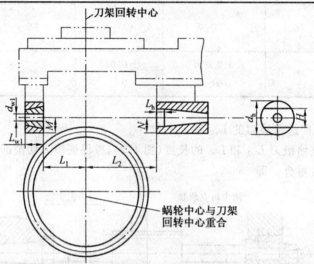

滚齿机型号	M	N	主轴莫氏锥号	支承套		调整规范				扁孔尺寸			随机刀杆	最大装刀直径
				L_{w1}	d_{w1}	$L_{1\min}$	$L_{2\min}$	$L_{1\max}$	$L_{2\max}$	d_h	H	L_h		
YB3120	40	61	5	140	32	40	140	70	170	60	45	15	32 40 50	140
Y3150E*	42	88	5	60	22 27	65	295	80	310	55	45	13	22 27 32	160
Y3150E	42	60	5	60	22 27	70	125	120	175	55	45	13	22 27 32	160

续表 4.2　　　　　　　　　　　　　　　　　　　　　　　　　　　　　　mm

滚齿机型号	M	N	主轴莫氏锥号	支承套		调整规范				扁孔尺寸			随机刀杆	最大装刀直径
				L_{w1}	d_{w1}	$L_{1\min}$	$L_{1\max}$	$L_{2\min}$	$L_{2\max}$	d_h	H	L_h		
Y3180H*	42	88	5	60	22 27 32	65	295	80	310	55	45	13	22 27 32 40	180
Y3180H	42	65	5	60	22 27 32	100	150	150	200	55	45	13	22 27 32 40	180
Y31125E*	50	75	6	100	22 27 40	110	210	220	320	72	64	25	27 32 40	220
Y38—1*	38	53	4	65	22 27 32	55	145	70	235	50	32	16	22 27 32	120
Y38—1	38	43	4	65	22 27 32	50	117	88	138	50	32	16	22 27 32	120

注：1. *为有切向刀架
2. YB3120 支承不能动，L_1 最小时，L_2 就最大，即 $L_{1\min}+L_{2\max}=L_{1\max}+L_{2\min}$
3. Y3150E*、Y3180H*、Y38—1* 的切向刀架通用

表 4.3　莫氏锥度和螺孔尺寸　　　　　　　　　　　　　　　mm

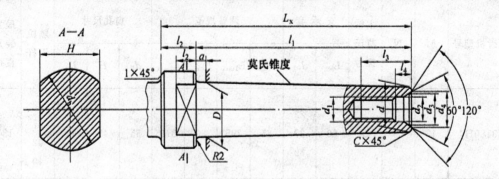

mm

莫氏锥号	D	d	l_1	$l_2(l_h)$	l_3	l_4	a	d_1	d_2	d_3	d_4	c
1	12.065	9.396	57	12	16	3.5	3.5	M6	6.4	8	8.5	0.25
2	17.780	14.583	68	18	24	4.5	4.0	M10	10.5	12.5	13.2	0.40
3	23.825	19.784	85	20	28	6	4.5	M12	12.5	15	17.5	0.80
4	31.267	25.933	108	22	32	8	5.3	M14	15	19	22	1.5
5	44.399	37.573	136	26	40	10	6.3	M18	19	24	28	2.0
6	63.348	53.905	189	30	50	11	7.9	M24	25	31	36	3.0

(2) 连轴式切向进给滚刀的 L_{w2} 和 L_{w3}。

切向进给滚刀切削锥部应在蜗轮旋入端(图 4.4)：左旋滚刀切削锥在左端(图 4.4(a))，右旋滚刀切削锥在右端(图 4.4(b))。

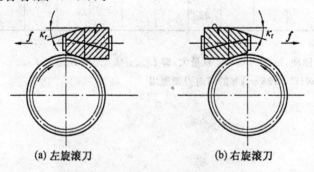

(a) 左旋滚刀　　　　　　(b) 右旋滚刀

图 4.4　切向进给滚刀切削锥位置

① 切削锥在滚刀右端，即切削锥朝向滚齿机主轴端(图 4.5)。

此情况下，要调整滚刀到加工蜗轮的初始位置时，蜗轮外径 d_{e2} 不得碰到滚齿机主轴端和滚刀切削锥前端直径 d_{z0} (图 4.5)，为此 L_{w2} 应满足

$$L_{w2} \geqslant \sqrt{\left(\frac{d_{e2}}{2}\right)^2 - (a-N)^2} + \sqrt{\left(\frac{d_{e2}}{2}\right)^2 - \left(a - \frac{d_{z0}}{2}\right)^2} + 10 \quad \text{mm} \quad (4.5)$$

滚刀从开始加工，到走完切削部分长度 L_0 即完成加工。此时，蜗轮外径 d_{e2} 不得碰撞支

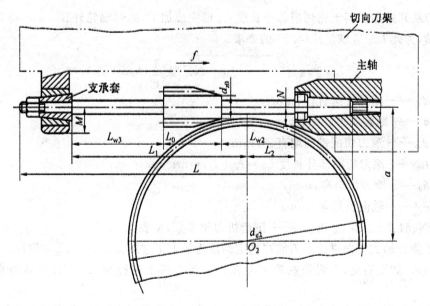

图 4.5 切削锥朝向主轴端

承套托架,为此 L_{w3} 应满足

$$L_{w3} \geqslant \sqrt{\left(\frac{d_{e2}}{2}\right)^2 - (a-M)^2} + \frac{1}{2}(h_0 \cot \alpha_{x0}) \tag{4.6}$$

② 切削锥在滚刀左端,即切削锥在滚齿机支承套一端(图 4.6)。

在此情况下,滚刀调整到加工蜗轮的初始位置时,蜗轮外径 d_{e2} 不得碰撞支承套托架和滚刀切削锥前端(图 4.6),为此 L_{w3} 应满足式(4.7)

$$L_{w3} \geqslant \sqrt{\left(\frac{d_{e2}}{2}\right)^2 - (a-M)^2} + \sqrt{\left(\frac{d_{e2}}{2}\right)^2 - \left(a - \frac{a_{x0}}{2}\right)^2} + 10 \quad \text{mm} \tag{4.7}$$

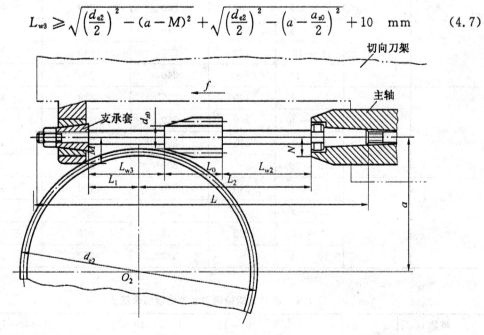

图 4.6 切削锥在支承端

滚刀从开始加工到走完切削部分长度 L_0 即完成加工,此时蜗轮外径 d_{e2} 不得碰撞滚齿机主轴端,为此 L_{w2} 应满足式(4.8)的要求。

$$L_{w2} \geqslant \sqrt{\left(\frac{d_{e2}}{2}\right)^2 - (a-N)^2} + \frac{1}{2}(h_0 \cot \alpha_{x0}) \tag{4.8}$$

式中 d_{e2} —— 蜗轮外圆直径,mm;
 a —— 蜗轮副中心距,mm;
 d_{x0} —— 滚刀切削锥前端直径,mm;
 L_0 —— 滚刀切削部分长度 $L_0 = l_z + l_c$,mm;
 h_0 —— 滚刀齿全高,mm;
 α_{x0} —— 轴向齿形角,mm;
 $N、M、L_{1\min}、L_{2\min}、L_{2\max}$ —— 滚齿机刀架参数,见表4.2。

为了使连轴式切向进给滚刀能在选定的滚齿机上正常加工,求出的 L_{w2} 和 L_{w3} 应满足不等式(4.4)。如不满足,表明该蜗轮不能在所选滚齿机上进行加工,应另选其他型号滚齿机。

蜗轮滚刀其他尺寸的确定方法见举例。在确定蜗轮滚刀齿厚时,考虑到啮合侧隙,有时要用到蜗杆齿厚最小减薄量 Δ_{ms},即滚刀齿厚增量,可由表4.4查得。对于粗加工蜗轮滚刀要留有蜗轮齿厚的精切余量 Δs,可由表4.5查得。

表4.4 蜗杆齿厚最小减薄量 Δ_{ms}

精度等级	结合形式 (法向侧隙)	模数 m /mm	中 心 距 a/mm			
			40～80	80～160	160～320	320～630
			μm			
7	j_n	1～2.5	150	200	280	360
		2.5～6	160	210	280	380
		6～10	170	220	280	380
		10～16	—	240	300	400
8	j_n	1～2.5	190	250	320	420
		2.5～6	200	250	320	420
		6～10	210	260	340	450
		10～16	—	300	360	450
9	j_n	1～2.5	240	300	400	500
		2.5～6	250	320	400	530
		6～10	280	340	420	530
		10～16	—	380	450	560

表4.5 粗加工蜗轮滚刀齿厚的精切余量 Δs mm

模数 m	3～6	6～10	10～14	14～20
Δs	0.2	0.3	0.4	0.5

4.2 蜗轮滚刀的主要技术条件

蜗轮滚刀的技术条件尚无统一标准。根据蜗杆传动精度要求,普通精度的蜗轮滚刀分为 AA、A、B 和 C 四种精度等级,分别用于加工 7、8、9 和 10 级精度的蜗轮,各级精度蜗轮滚刀的制造公差由表 4.7 查得。各级精度蜗轮滚刀各表面的粗糙度 Ra 值由表 4.6 查得。

为了保证加工的齿形精度,对于 A、B、C 级精度的滚刀分别检查滚刀齿距误差、前刀面径向性误差、圆周齿距误差、容屑槽导程误差和齿形误差等,用以代替刀刃偏离基本蜗杆螺旋面的检查。此外,还应检查安装基准的跳动量。对于 AA 级精度的滚刀直接检查实际刀刃偏离基本蜗杆螺旋面的误差。

滚刀重磨后形成了新的前刀面,影响刀刃偏离基本蜗杆螺旋面的检查项目包括:前刀面径向性误差、圆周齿距误差和容屑槽导程误差等。综上所述,蜗轮滚刀的技术条件如下:

(1) 材料:切削部分为高速钢,柄部为 40Cr。
(2) 热处理硬度:切削部分为 63~65HRC;柄部和螺纹部分为 40~45HRC。
(3) 切削部分不得有裂纹、崩刃和烧伤等缺陷。
(4) 滚刀两端的不完全齿应去除至顶宽为 2 mm 左右。
(5) 滚刀其他圆柱和长度偏差:直径按 h12,长度按 h11。
(6) 滚刀各部分表面粗糙度 Ra 应符合表 4.6 的规定。
(7) 滚刀制造公差应符合表 4.7 的规定。

表 4.6 蜗轮滚刀各表面粗糙度 Ra μm

检查表面		精度等级			
		AA	A	B	C
		表面粗糙度 Ra			
齿侧和齿顶后刀面		0.4	0.4	0.8	0.8
前刀面					
带孔滚刀	内孔表面	0.2	0.4	0.4	0.8
	轴台表面及端面	0.4		0.8	
连轴式滚刀	锥柄表面	0.4	0.4	0.4	0.8
	支承表面			0.8	
顶尖孔	60°锥面	0.2			
	120°锥面	1.6			
其余表面		3.2			

表 4.7 普通蜗轮滚刀制造公差　　　　　　　　　　　　　　　　　μm

序号	项目		精度等级	模数 m/mm					
				0.5~1	1~2.25	2.25~4	4~5	6~8	8~10
1	径向圆跳动	轴台或连轴式滚刀支承部分	AA	8	10	10	10	10	15
			A	12	15	15	15	15	20
			B	15	20	20	20	20	20
			C	20	30	30	30	30	30
2	轴向圆跳动	轴台或连轴式滚刀支承端面	AA	5	8	8	8	10	10
			A	8	10	10	10	20	20
			B	12	20	20	20	20	25
			C	15	20	20	25	25	25
3	刀齿径向圆跳动	直槽	AA	20	20	20	30	40	40
			A	25	30	30	40	40	50
			B	30	40	50	60	60	80
			C	40	50	70	70	70	90
		螺旋槽 单头	AA	20	20	20	30	40	40
			A	25	30	30	40	40	50
			B	30	40	50	60	60	80
			C	40	50	70	70	70	90
		螺旋槽 多头	AA	30	30	30	45	60	60
			A	35	45	45	60	60	70
			B	40	60	70	80	80	100
			C	50	70	90	90	90	110
4	外径锥度允差	直槽	AA	20	30	30	40	40	50
			A	20	30	30	40	40	50
			B	30	40	40	45	45	50
			C	40	80	80	120	120	120
		螺旋槽 单头	AA	25	40	40	50	50	60
			A	30	40	40	50	50	60
			B	40	50	50	55	55	60
			C	50	90	90	130	130	130
		螺旋槽 多头	AA	30	50	50	60	60	70
			A	40	50	50	60	60	70
			B	50	60	60	65	65	70
			C	60	100	100	140	140	140

续表 4.7　　　　　　　　　　　　　　　　　　　μm

序号	项目	精度等级	模数 m/mm					
			0.5~1	1~2.25	2.25~4	4~5	6~8	8~10
5	齿距最大误差	AA	±5	±8	±8	±10	±12	±12
		A	±8	±10	±10	±15	±15	±25
		B	±12	±15	±15	±25	±25	±35
		C	±20	±25	±40	±40	±40	±40
6	多头滚刀的相邻齿距误差	AA	8	12	12	15	18	18
		A	12	15	15	25	25	40
		B	18	25	25	40	40	50
		C	30	40	60	60	60	60
7	任意三个齿距长度内齿距最大累积误差	AA	±8	±12	±12	±15	±18	±18
		A	±12	±15	±15	±25	±25	±40
		B	±18	±25	±25	±40	±40	±50
		C	±30	±40	±60	±61	±62	±63
8	齿形误差（以长度计）	AA	5	8	10	12	15	20
		A	8	12	15	18	25	30
		B	12	18	25	30	35	40
		C	20	30	50	70	70	70
9	刀齿前刀面径向性误差（只许凹入）	AA	20	30	40	50	60	80
		A	25	40	50	70	90	120
		B	35	60	80	110	140	170
		C	50	90	120	150	200	250
10	刀齿前刀面对内孔轴线的平行度误差（直槽滚刀）	AA	16	30	40	40	50	65
		A	20	35	45	50	60	70
		B	25	45	55	65	80	90
		C	30	45	55	65	80	90
11	容屑槽周节最大累积误差	AA	25	35	40	50	50	60
		A	25	35	40	50	50	60
		B	30	35	40	50	60	70
		C	30	35	40	50	60	70

续表 4.7   μm

序号	项目	精度等级	模 数 m/mm					
			0.5~1	1~2.25	2.25~4	4~5	6~8	8~10
12	齿厚误差(以齿顶为基准测量)	AA	±12	±20	±25	±30	±40	±50
		A	±12	±20	±25	±30	±40	±50
		B	±12	±20	±25	±30	±40	±50
		C	±20	±30	±40	±50	±60	±70
13	外径误差	AA	$+0.15m_x$[①]		$+0.25m_x$		$+0.3m_x$	
		A	$-0.10m_x$		$-0.15m_x$		$-0.2m_x$	
		B						
		C	±0.15 m_x		±0.3 m_x		±0.5 m_x	

序号	项目	精度等级	容屑槽螺旋角 $β_k$	
			$β_k ≤ 10°$	$β_k > 10°$
14	容屑槽导程误差(螺旋槽滚刀)	AA	$0.015P_K$[②]	$0.01P_K$
		A	$0.02P_K$	$0.015P_K$
		B	$0.025P_K$	$0.02P_K$
		C	$0.03P_K$	$0.025P_K$

注:① m——蜗轮滚刀模数
② P_K——容屑槽导程

4.3 阿基米德蜗轮滚刀设计举例

4.3.1 已知条件

(1)工作蜗杆参数如图 4.7 所示。

(2)蜗轮参数:

① 蜗轮齿数:$Z_2 = 36$;

② 蜗轮与蜗杆啮合中心距:$a = 94$ mm;

③ 蜗轮精度与蜗轮副保证侧隙类别:8c GB 10089—88;

④ 蜗轮最大外圆直径:$d_{e2} = 156$ mm。

(3)所用滚齿机:Y38-1*,带切向刀架,切向刀架滑板最大移动量为 195 mm。

4.3.2 设计与计算步骤

(1)滚刀分度圆直径 d_0 应等于蜗杆分度圆直径,$d_0 = 44$ mm。

(2)滚刀螺纹头数 Z_0 应等于蜗杆螺纹头数,$Z_0 = 3$。

(3)滚刀分度圆螺纹升角 $λ_0$ 应等于蜗杆分度圆螺纹升角,$λ_0 = 15°15'18''$。

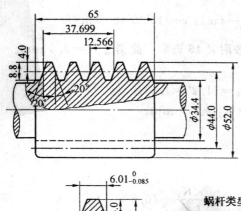

蜗杆类型：阿基米德型(ZA)
蜗杆轴向模数：$m_x=4$
蜗杆螺纹头数：$Z_1=3$
蜗杆螺纹旋向：右旋
蜗杆分圆螺纹升角：$\lambda_1=15°15'18''$

图 4.7 工作蜗杆

(4) 滚刀螺纹旋向与蜗杆相同，为右旋。

(5) 滚刀外径 d_{a0} 应按式(4.9)计算

$$d_{a0}=d_{a1}+2(c+0.1)m \tag{4.9}$$

式中 d_{a0}——蜗杆外径（以下均用下角标 1 表示蜗杆有关参数，用下角标 0 表示滚刀有关参数）；

c——蜗轮齿根与蜗杆齿顶之间的径向间隙系数。

$$d_{a0}/\mathrm{mm}=52+2\times(0.2+0.1)\times4=54.4$$

(6) 滚刀根圆直径应等于蜗杆根圆直径，$d_{f0}=34.4$ mm。

(7) 滚刀容屑槽数 Z_K。

用径向进给法加工蜗轮时，应使 Z_K 与 Z_0 无公因数，以增加包络蜗轮齿面的刀刃数。同时还要考虑蜗轮的精度等级：加工 7 级精度蜗轮时 $Z_K \geqslant 10$，加工 8 级时 $Z_K \geqslant 8$，加工 9 级时 $Z_K \geqslant 6$。

用切向进给法加工蜗轮时，滚刀圆周齿数主要根据切削负荷选取，应保证刀齿齿根强度，并应保证铲磨齿面时砂轮不干涉下个刀齿。此处预选 $Z_K=9$，待齿槽其他尺寸确定后，再校验预选的齿数是否可行。

(8) 滚刀齿顶铲背量 K 和二次铲背量 K_1。

当 $\lambda_0 \leqslant 15°$ 时，可按式(4.10)计算

$$K=\frac{\pi d_{a0}}{Z_K}\tan\alpha_e \quad \mathrm{mm} \tag{4.10}$$

式中 α_e——滚刀齿顶后角，一般可取 $\alpha_e=10°\sim12°$。

当 $\lambda_0 > 15°$ 时，应按式(4.11)计算

$$K=\frac{\pi d_{a0}}{Z_k}\tan\alpha_e\cos^3\lambda_0 \quad \mathrm{mm} \tag{4.11}$$

此例中 $\lambda_0 > 15°$，故取 $\alpha_e=12°$，即

$$K/\text{mm} = \frac{\pi 54.4}{9}\tan 12°\cos^3 15°15'18'' = 3.63 \qquad (4.12)$$

最后，K 值应根据现有凸轮升距按附表 16 选取。此例选 $K = 3.5$ mm。
K_1 应按式(4.12)计算

$$K_1 = (1.2 \sim 1.5)K \qquad (4.12)$$

本例取 $K_1 = 1.5K = 5.3$ mm，取 $K_1 = 5.5$ mm。

(9) 容屑槽尺寸。

① 容屑槽深度 H_K。

容屑槽深度应按式(4.13)计算

$$H_K = \frac{d_{a0} - d_{f0}}{2} + \frac{K + K_1}{2} + (0.5 \sim 1) \text{ mm} \qquad (4.13)$$

本例 $H_K/\text{mm} = \frac{54.4 - 34.4}{2} + \frac{3.5 + 5.5}{2} + (0.5 \sim 1) = 15 \sim 15.5$

取 $H_K = 15$ mm

② 槽底圆弧半径 r 可按式(4.14)计算

$$r = \frac{\pi(d_{a0} - 2H_K)}{10 Z_K} \text{ mm} \qquad (4.14)$$

本例 $r/\text{mm} = \frac{\pi(54.4 - 30)}{10 \times 9} \approx 0.9$

取 $r = 1$ mm。

③ 容屑槽间角 θ。应取 $\theta = 25° \sim 35°$，本例取 $\theta = 25°$。

(10) 作图校验齿根强度及铲磨齿面时砂轮是否干涉下个刀齿。此时应保证 $C/H \geqslant 0.45$（蜗轮为 8、9 级精度时）。

① 按所设计的蜗轮滚刀尺寸 d_0、Z_K、K、θ 和 r 作出滚刀端面投影图。

② 以 $\frac{d_{a0}}{2}$ 为半径分别以 A、B 两点为圆心画弧交于 O_1 点，再以 O_1 点为圆心，$\frac{d_{a0}}{2}$ 为半径的圆周连 A 点及 B 点，即得近似的齿顶铲背曲线，再以 O_1 为圆心，O_1G 为半径画弧 GD，即得近似的齿底铲背曲线。

③ 选砂轮直径 $D_s \geqslant 2h_0 + 25$ mm $+ 5$ mm，一般砂轮直径大于 60，式中的 25 mm 为砂轮法兰盘直径，h_0 为滚刀齿高。

④ 以 $r_H = \overline{OO_1}$ 为半径，O 为圆心画圆。在 $\overset{\frown}{AB}$ 弧上取一点 a，a 的位置决定于 l，一般可取 $l \geqslant \frac{l_1}{2}$。连 $\overset{\frown}{aO}$ 交 $\overset{\frown}{GD}$ 弧于点 F，过点 F 作切于半径为 r_H 圆的切线，使砂轮中心 O_2 位于该切线上，并使砂轮外径切于齿底铲背曲线 $\overset{\frown}{GD}$。此时砂轮外圆如在下个刀齿点 E（点 E 的位置取决于 h）的上方，则砂轮在铲磨时不会干涉下个刀齿，如果在点 E 下方，则铲磨时会发生干涉。

如发生干涉，需改变滚刀的一些参数，如齿数 Z_K、铲背量 K 或外径 d_{a0} 等，重新设计，直到不发生干涉为止。

校验结果滚刀齿根强度合格，并且铲磨齿面时砂轮不干涉下个刀齿（图 4.8）。

(11) 容屑槽导程 P_K。

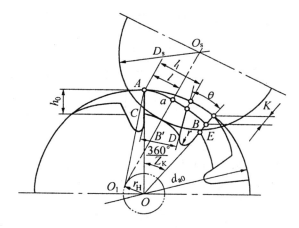

图 4.8 蜗轮滚刀铲磨干涉校验

$$P_K = \pi d_{a0} \cot \lambda_0$$
$$P_K/\text{mm} = \pi \times 44 \cot 15°15'18'' = 507$$

因为
$$\lambda_0 \geqslant 15°15'18'' > 5°$$

所以应作成螺旋槽蜗轮滚刀。

(12) 齿形各部分参数的代表符号如图 4.9 所示。

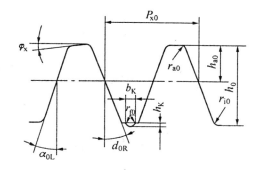

图 4.9 蜗轮滚刀齿形各部分参数

① 轴向齿距 P_{x0} 应等于蜗杆轴向齿距(图 4.9)。

$$P_{x0} = 12.568 \text{ mm}$$

② 计算齿顶斜角 φ_x。

$$\varphi_x = \arctan \frac{K Z_K}{P_K} = \arctan \frac{3.5 \times 9}{507} = 3°33'$$

③ 轴向齿形角按式(4.16),(4.17)计算。

右侧齿形角 α_{0R}

$$\cot \alpha_{0R} = \cot \alpha_x \mp \frac{K Z_K}{S_K} \tag{4.16}$$

左侧齿形角 α_{0L}

$$\cot \alpha_{0L} = \cot \alpha_x \pm \frac{K Z_K}{S_K} \tag{4.17}$$

式中 α_x —— 蜗杆齿形角。右旋滚刀用上面符号,左旋滚刀用下面符号。

本例
$$\cot \alpha_{0R} = \cot 20° - \frac{3.5 \times 9}{507} = 2.68535$$

则
$$\alpha_{0R} = 20°25'30''$$

$$\cot \alpha_{0L} = \cot 20° - \frac{3.5 \times 9}{507} = 2.80961$$

则
$$\alpha_{0L} = 19°35'30''$$

④ 法向齿距 P_{n0}。
$$P_{n0} = P_{x0} \cos \lambda \quad \text{mm} \tag{4.18}$$

本例
$$P_{n0}/\text{mm} = 12.566 \cos 15°15'18'' = 12.123$$

⑤ 法向齿厚 S_{n0},可按式(4.18)计算
$$S_{n0} = \frac{P_{x0}}{2} \cos \lambda_0 + \Delta S_{n0} \tag{4.19}$$

对于精加工蜗轮滚刀,一般按下式选取
$$\Delta S_{n0} = \frac{1}{2} \Delta_{ms} \quad \text{mm} \tag{4.20}$$

式中 Δ_{ms} —— 蜗杆齿厚最小减薄量,可按表4.4选取。
$$S_{n0}/\text{mm} = \frac{12.566}{2} \cos 15°15'18'' + \frac{0.25}{2} = 6.19$$

⑥ 齿顶高 h_{a0}。
$$h_{a0} = \frac{h_{a0} - d_0}{2} \quad \text{mm} \tag{4.21}$$

本例
$$h_{a0}/\text{mm} = \frac{54.4 - 44}{2} = 5.20$$

⑦ 全齿高 h_0。
$$h_0 = \frac{d_{a0} - d_{f0}}{2} \quad \text{mm} \tag{4.22}$$

本例
$$h_0/\text{mm} = \frac{54.4 - 34.4}{2} = 10.00$$

⑧ 齿顶圆弧半径 r_{a0}。
$$r_{a0} = 0.2 \quad \text{mm} \tag{4.23}$$

本例 $r_{a0}/\text{mm} = 0.2 \times 4 = 0.8$

⑨ 齿底圆弧半径 r_{f0}。
$$r_{f0} = 0.3 \quad \text{mm} \tag{4.24}$$

本例 $r_{f0}/\text{mm} = 0.3 \times 4 = 1.2$

(13) 确定滚刀结构。

若滚刀为带孔式结构,则刀体强度应满足式(4.25)的要求
$$\frac{d_{a0}}{2} - H_K - \left(t'_1 - \frac{d}{2}\right) \geqslant 0.3d/\text{mm} \tag{4.25}$$

式中 d_{a0} —— 滚刀内孔直径;

t'_1——键槽高度(图 4.2)。对于一定的蜗轮滚刀外径,对应的内孔直径、键槽高度及其他尺寸可按表 4.8 选取。

本例中,根据蜗轮滚刀外径,可选 $d=22\text{ mm}$,此时 $t'_1=24.1\text{ mm}$,代入刀体强度的校验公式得

$$\frac{54.4}{2} - 15 - \left(24.1 - \frac{22}{2}\right) < 0.3d/\text{mm}$$

故应做成连轴式结构。

(14) 滚刀长度。

① 切向进给蜗轮滚刀。

a. 切削锥部分长度 l_z(图 4.2)可取

$$l_z = (2.5 \sim 3)P_{x0} \tag{4.26}$$

式中 P_{x0}——轴向齿距,本例 $l_z/\text{mm} = (2.5 \sim 3) \times 12.566 \approx 30$。

切削锥部位可按图 4.3 确定,图 4.3(a) 为左旋滚刀,图 4.3(b) 为右旋滚刀。相应滚刀的进给方向和蜗轮毛坯的旋转方向亦如图中箭头所示。本例为右旋滚刀,切削锥应按图 4.5 所示部位放置。

切削锥角 φ_z 可取为 $10° \sim 12°$。

切削锥起始处直径 d_{z0} 可按式(4.27)计算

$$d_{z0} = d_{e0} - 2l_z \tan \varphi_z \tag{4.27}$$

本例

$$d_{z0}/\text{mm} = 54.4 - 2 \times 30 \tan 12° = 42$$

b. 切削部分长度 L_0。

$$L_0 = l_z + l_c = (4.5 \sim 5)P_{x0} \tag{4.28}$$

式中 l_c——滚刀圆柱部分长度(图 4.2),一般取 $l_c = 2P_{x0}$

故本例 $L_0/\text{mm} = (4.5 \sim 5) \times 12.566 \approx 55$

② 径向进给蜗轮滚刀。

$$L_0/\text{mm} = L_1 + P_{x0} = 65 + 12.566 \approx 78$$

$$L_1/\text{mm} = \sqrt{\left(\frac{d_{e2}}{2}\right)^2 - (a-N)^2} + \pi m = \sqrt{\left(\frac{156}{2}\right)^2 - (94-53)^2} + 12.566 \approx 79$$

表 4.8 蜗轮滚刀的内孔和空刀及键槽和轴台的尺寸及偏差（图 4.1）

mm

蜗轮滚刀外径 d_{e0}	内孔直径 d	d 的偏差 AA、A、B 级	d 的偏差 C 级	空刀尺寸 d_1	空刀尺寸 l_1	空刀尺寸 r	空刀尺寸 c	键槽 b 尺寸	键槽 b 偏差	键槽 t_1' 尺寸	键槽 t_1' 偏差	r_1	C_1	轴台直径 D_1	轴台宽度 l
~30	13	+0.011 / 0	+0.019 / 0	14.5		1	1	3.06	+0.16	14.6	+0.45	0.4	0.3	22	5
>30~50	16	+0.011 / 0	+0.019 / 0	19.0		1	1	4.08	+0.16	17.7	+0.45	0.4	0.3	25	5
>50~70	22	+0.013 / 0	+0.023 / 0		$\frac{L}{4}$	1	1.5	6.08	+0.16	24.1	+0.52	0.5	0.3	35	5
>70~90	27	+0.013 / 0	+0.023 / 0		$\frac{L}{4}$	1	1.5	6.08	+0.16	29.4	+0.52	0.5	0.3	40	5
>90~130	32	+0.015 / 0	+0.027 / 0	$d+2$		2	2	8.1	+0.2	34.8	+0.62	0.8	0.7	50	5
>130~180	40	+0.015 / 0	+0.027 / 0	$d+2$		2	2	10.1	+0.2	43.5	+0.62	1.0	0.7	60	5
>180~240	50	+0.015 / 0	+0.027 / 0	$d+2$		2	2	12.12	+0.2	53.5	+0.62	1.0	0.7	75	5
>240	60	+0.018 / 0	+0.030 / 0			2	2	14.12	+0.24	64.2	+1.0	1.2	1.0	85	5

$$L_2/\text{mm} = \sqrt{\left(\frac{d_{e2}}{2}\right)^2 - (a-N)^2} + \sqrt{\left(\frac{d_{e2}}{2}\right)^2 - \left(a - \frac{d_{x0}}{2}\right)^2} + L_0 + m\cot\alpha_{x0} =$$
$$\sqrt{\left(\frac{156}{2}\right)^2 - (94-53)^2} + \sqrt{\left(\frac{156}{2}\right)^2 - \left(94 - \frac{42}{2}\right)^2} + 55 + 4\cot 20° = 159$$

可将 L_2 适当加长,取 $L_2 \approx 180$ mm。

其结果为:
$$L_{1\min}(55 \text{ mm}) < L_1(=79 \text{ mm}) < L_{1\max}(=145 \text{ mm})$$
$$L_{2\min}(70 \text{ mm}) < L_2(=159 \text{ mm}) < L_{2\max}(=235 \text{ mm})$$
$$L_b/\text{mm} = L_1 + L_2 = 79 + 180 = 259$$

③ 其他部分长度。

莫氏锥度部分尺寸可按表 4.3 选取。

扁头(孔)尺寸、支承套(轴颈)尺寸可按表 4.2 选取。

螺纹部分可采用 $d_M = 22, l_M = 35$(图 4.2)。

切向进给滚刀总长度应为 L 与锥柄部分长度及支撑部分长度之和,即
$$L/\text{mm} = L_x + L_{w2} + L_0 + L_{w3} + L_{w1} + L_{x1} =$$
$$108 + 115 + 55 + 89 + 60 + 35 = 462 \text{ mm}$$

径向进给滚刀
$$L/\text{mm} = L_x + L_{w2} + L_0 + L_{w3} + L_{w1} + L_{x1} =$$
$$108 + 95 + 78 + 102 + 65 + 35 = 478 \text{ mm}$$

蜗轮滚刀各部分尺寸见工作图 4.10 和图 4.11。

4.4　蜗轮滚刀设计题选

蜗轮滚刀设计题选见表 4.9。

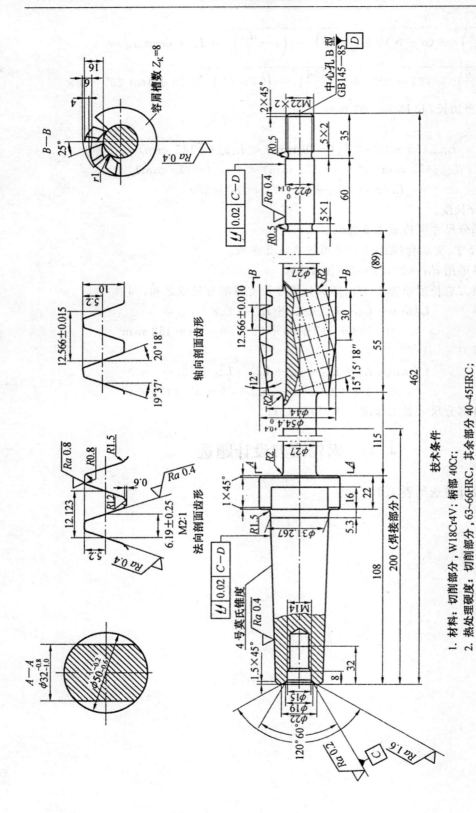

技术条件

1. 材料：切削部分，W18Cr4V；柄部 40Cr；
2. 热处理硬度：切削部分，63~66HRC，其余部分 40~45HRC；
3. 滚刀头数 $z_0=3$；螺旋升角 $\lambda_0=15°15'18''$，容屑槽导程 $P_K=507$；旋向右；
4. 齿形误差 0.025 mm；刀齿前刀面径向性（只许凹入）0.050 mm；容屑槽周节最大累积误差为 0.040 mm；容屑槽导程极限偏差为 ±7.605 mm；任意三个齿距长度内最大累积误差为 ±0.015 mm；
5. 标志：厂标，m4，$\alpha=20°$，$\lambda_0=15°15'18''$、507A，年份；
6. 其余条件按工厂标准。

图 4.10 连轴式切向蜗轮滚刀

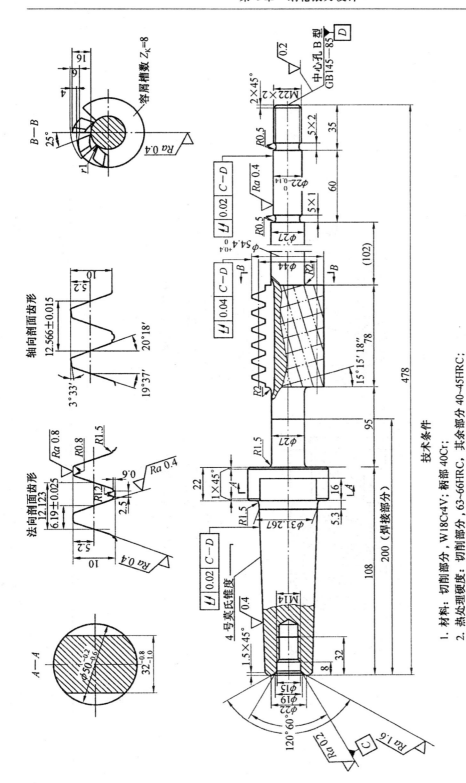

图 4.11 连轴式径向蜗轮滚刀

表4.9 蜗轮滚刀设计题选

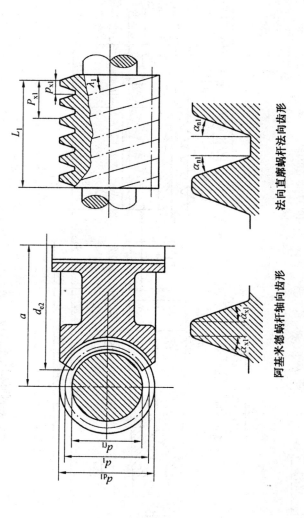

续表 4.9

轴向模数 m_x	2	3	4	5
分度圆直径 d_1	26	36	44	50
外径 d_{a1}	30	42	52	60
根圆直径 d_{f1}	21.2	28.8	34.4	38
轴向齿距 p_{x1}	6.283	9.425	12.566	15.708
旋向	右旋			
螺纹部分长度 L_1	32	54	72	80
头数 Z_1	2	3	1	2	4	1	2	4	2	3
导程 P_{x1}	12.566	18.850	9.425	18.850	37.699	12.566	25.133	50.265	31.416	47.124
螺旋升角 λ_1	8°44′46″	12°59′41″	4°45′49″	9°27′44″	18°26′06″	5°11′40″	10°18′17″	19°58′59″	11°18′36″	16°41′57″
阿基米德蜗杆轴向齿形角 α_{x1} / 法向直廓蜗杆法向齿形角 α_{n1}	20°			
齿数 z_2	40	40	50	50
最大外径 d_{e2}	87	130	214	267
中心距 a	53	78	122	150
径向间隙系数 c^*	0.2			
精度等级	8			
侧隙类别	j_n			

思 考 题

1. 蜗轮滚刀的基本参数与其工作蜗杆有什么关系？
2. 什么是蜗轮滚刀的基本蜗杆？滚刀的切削刃与基本蜗杆的螺旋面应保持什么关系？
3. 阿基米德蜗轮滚刀的轴向齿形是直线形吗？左右齿形是对称的吗？法向齿形是直线形吗？工作图中应给出哪个剖面齿形？
4. 确定蜗轮滚刀的外径和齿厚时，除应参照原工作蜗杆的相应参数外，还应考虑什么问题？
5. 蜗轮滚刀容屑槽数应如何确定？
6. 切向法加工蜗轮与径向法比较有哪些优缺点？在什么情况下采用切向法加工？
7. 切向蜗轮滚刀的设计计算方法与径向蜗轮滚刀相比有何异同点？
8. 在何种情况下应采用带孔蜗轮滚刀？在何种情况下应采用连轴式蜗轮滚刀？
9. 确定连轴式蜗轮滚刀长度时应考虑什么问题？
10. 切向进给蜗轮滚刀为什么要有切削锥部？
11. 为了保证蜗轮滚刀精度应检查哪些项目？

附 录

附表 1 硬质合金的成分和性能

合金牌号		$w/\%$			物理力学性能							相近 ISO 牌号
		WC	TiC	TaC (NbC)	Co	硬度 HRA	硬度 HRC	抗弯强度 R_{tr}/GPa	冲击韧度 a_k/(kJ·m^{-2})	导热系数 κ/(W·m^{-1}·℃$^{-1}$)	线膨胀系数 a/($\times 10^{-6}$·℃$^{-1}$)	密度 ρ/(g·cm^{-3})	
WC 基合金													
WC+Co	YG3	97	—	—	3	91	78	1.10	—	87.9	—	14.9~15.3	K01 K05
	YG6	94	—	—	6	89.5	75	1.40	26.0	79.6	4.5	14.6~15.0	K15 K20
	YG8	92	—	—	8	89	74	1.50	—	75.4	4.5	14.4~14.8	K30
	YG3X	97	—	—	3	92	80	1.00	—	—	4.1	15.0~15.3	K01
	YG6X	94	—	—	6	91	78	1.35	—	79.6	4.4	14.6~15.0	K10
WC+TaC(NbC)+Co	YG6A (YA6)	91~93	—	1~3	6	92	80	1.35	—	—	—	14.4~15.0	K10
WC+TiC+Co	YT30	66	30	—	4	92.5	80.5	0.90	3.00	20.9	7.00	9.35~9.7	P01
	YT15	79	15	—	6	91	78	1.15	—	33.5	6.51	11.0~11.7	P10
	YT14	78	14	—	8	90.5	77	1.20	7.00	33.5	6.21	11.2~12.7	P20
	YT5	85	5	—	10	89.5	75	1.30	—	62.8	6.06	12.5~13.2	P30

续附表1

合金牌号		w/%				物理力学性能						相近ISO牌号
		WC	TiC	TaC(NbC)	Co	硬度 HRA HRC	抗弯强度 R_{tr}/GPa	冲击韧度 a_k/(kJ·m^{-2})	导热系数 κ/(W·m^{-1}·℃$^{-1}$)	线膨胀系数 α/(×10^{-6}·℃$^{-1}$)	密度 ρ/(g·cm^{-3})	
WC基合金												
WC+TiC+TaC(NbC)+Co	YW1	84	6	4	6	92　80	1.25				13.0～13.5	M10
	YW2	82	6	4	8	91　78	1.50				12.7～13.3	M20
TiC基合金												
TiC+WC+Ni—Mo	YN10	15	62	1	Ni—12 Mo—10	92.5　80.5	1.10				6.3	P05
	YN05	8	71		Ni—7 Mo—14	93　82	0.90				5.9	P01

表中字母均为汉语拼音读法：Y—硬质合金，G—钴，其后数字表示钴含量（质量分数）；X—细晶粒，T—TiC，其后数字表示 TiC 含量（质量分数）；A—含 TaC(NbC) 的钨钴类合金；W—通用（万能）合金；N—以镍（或钼）做粘结剂的 TiC 基合金

附表2　切削工具用硬质合金牌号 GB/T 18376.1—2008

组别		基本成分	力学性能			切削性能	
类别	分组号		洛氏硬度 HRA，不小于	维氏硬度 HV$_3$，不小于	抗弯强度 R_{tr}/MPa，不小于	耐磨性	韧性
P	01	以 WC、TiC 为基，以 Co(Ni+Mo, Ni+Co) 做粘结剂的合金/涂层合金	92.3	1 750	700	好↑	↓好
	10		91.7	1 680	1 200		
	20		91.0	1 600	1 400		
	30		90.2	1 500	1 550		
	40		89.5	1 400	1 750		
M	01	以 WC 为基，以 Co 做粘结剂，添加少量 TiC(TaC、NbC) 的合金/涂层合金	92.3	1 730	1 200	好↑	↓好
	10		91.0	1 600	1 350		
	20		90.2	1 500	1 500		
	30		89.9	1 450	1 650		
	40		88.9	1 300	1 800		

续附表2

组别		基本成分	力学性能			切削性能	
类别	分组号		洛氏硬度 HRA, 不小于	维氏硬度 HV_3, 不小于	抗弯强度 R_{tz} /MPa, 不小于	耐磨性	韧性
K	01	以WC为基，以Co做粘结剂，或添加少量 TaC、NbC 的合金/涂层合金	92.3	1 750	1 350	好↑	好↓
	10		91.7	1 680	1 460		
	20		91.0	1 600	1 550		
	30		89.5	1 400	1 650		
	40		88.5	1 250	1 800		
N	01	以WC为基，以Co做粘结剂，或添加少量 TaC、NbC 或 CrC 的合金/涂层合金	92.3	1 750	1 450	好↑	好↓
	10		91.7	1 680	1 560		
	20		91.0	1 600	1 650		
	30		90.0	1 450	1 700		
S	01	以WC为基，以Co做粘结剂，或添加少量 TaC、NbC 或 TiC 的合金/涂层合金	92.3	1 730	1 500	好↑	好↓
	10		91.5	1 650	1 580		
	20		91.0	1 600	1 650		
	30		90.5	1 550	1 750		
H	01	以WC为基，以Co做粘结剂，或添加少量 TaC、NbC 或 TiC 的合金/涂层合金	92.3	1 730	1 000	好↑	好↓
	10		91.7	1 680	1 300		
	20		91.0	1 600	1 650		
	30		90.5	1 520	1 500		

注：① 洛氏硬度和维氏硬度中任选一项
② 以上数据为非涂层硬质合金要求，涂层产品可按对应的维氏硬度下降30～50

附表3 硬质合金车刀合理前角参考值

工件材料	合理前角 γ_{opt}	
	粗车	精车
低碳钢 Q235(A3)	20°～25°	25°～30°
中碳钢 45(正火)	15°～20°	20°～25°
合金钢 40Cr(正火)	13°～18°	15°～20°
淬火钢 45钢(45～50HRC)	−15°～−5°	
不锈钢（奥氏体 1Cr18Ni9Ti）	15°～20°	20°～25°
灰铸铁（连续切削）	10°～15°	5°～10°
铜及铜合金（脆，连续切削）	10°～15°	5°～10°
铝及铝合金	30°～35°	35°～40°

续附表3

工件材料	合理前角 γ_{opt}	
	粗车	精车
钛合金 $R_m \leqslant 1.17$ GPa	5°~10°	
镍基高温合金	0°~10°	

注：①粗加工用硬质合金车刀，通常都磨有负倒棱及刃倾角
②高速钢车刀的前角，一般可比表中数值大些

附表4　硬质合金车刀合理后角参考值

工件材料	合理后角 α_{opt}	
	粗车	精车
低碳钢　Q235(A3)	8°~10°	10°~12°
中碳钢　45(正火)	5°~7°	6°~8°
合金钢　40Cr(正火)	5°~7°	6°~8°
淬火钢　45钢(45~50HRC)	12°~15°	
不锈钢(奥氏体 1Cr18Ni9Ti)	6°~8°	8°~10°
灰铸铁(连续切削)	4°~6°	6°~8°
铜及铜合金(脆,连续切削)	4°~6°	6°~8°
铝及铝合金	8°~10°	10°~12°
钛合金 $R_m \leqslant 1.17$ GPa	10°~15°	
镍基高温合金	10°~15°	

附表5　硬质合金车刀合理主偏角与副偏角参考值

加工情况		偏角数值/(°)	
		主偏角 κ_r	副偏角 κ_r'
粗车,无中间切入	工艺系统刚度好	45,60,75	5~10
	工艺系统刚度差	60,75,90	10~15
车削细长轴、薄壁件		90,93	6~10
精车,无中间切入	工艺系统刚度好	45	0~5
	工艺系统刚度差	60,75	0~5
车削冷硬铸铁、淬火钢		10~30	4~10
从工件中间切入		45~60	30~45
切断刀、切槽刀		60~90	1~2

附表6　硬质合金刀具粗车外圆的进给量

工件材料	车刀刀杆尺寸 $B \times H$/(mm×mm)	工件直径 d_w/mm	背吃刀量 a_p/mm ≤3	>3~5	>5~8	>8~12	>12
			进给量 f/(mm·r^{-1})				
碳素结构钢、合金结构钢及高温合金	16×25 20×25	20	0.3~0.4	—	—	—	—
		40	0.4~0.5	0.3~0.4	—	—	—
		60	0.5~0.7	0.4~0.6	0.3~0.5	—	—
		100	0.6~0.9	0.5~0.7	0.5~0.6	0.4~0.5	—
		400	0.8~1.2	0.7~1.0	0.6~0.8	0.5~0.6	—
	20×30 25×25	20	0.3~0.4	—	—	—	—
		40	0.4~0.5	0.3~0.4	—	—	—
		60	0.6~0.7	0.5~0.7	0.4~0.6	—	—
		100	0.8~1.0	0.7~0.9	0.5~0.7	0.4~0.7	—
		400	1.2~1.4	1.0~1.2	0.8~1.0	0.6~0.9	0.4~0.6
铸铁及铜合金	16×25	40	0.4~0.5	—	—	—	—
		60	0.6~0.8	0.5~0.8	0.4~0.6	—	—
		100	0.8~1.2	0.7~1.0	0.6~0.8	0.5~0.7	—
		400	1.0~1.4	1.0~1.2	0.8~1.0	0.6~0.8	—
	20×30 25×25	40	0.4~0.5	—	—	—	—
		60	0.6~0.9	0.5~0.8	0.4~0.7	—	—
		100	0.9~1.3	0.8~1.2	0.7~1.0	0.5~0.8	—
		400	1.2~1.8	1.2~1.6	1.0~1.3	0.9~1.1	0.7~0.9

注：①加工断续表面及有冲击的工件时，表内进给量应乘系数 $K=0.75\sim0.85$

②无外皮加工时，表内进给量应乘系数 $K=1.1$

③加工高温合金时，进给量不大于 1 mm/r

④加工淬硬钢时，进给量应减小。当钢的硬度为 44~56HRC 时，乘系数 0.8；当钢的硬度为 57~62HRC 时，乘系数 0.5

附表7 硬质合金车刀半精车外圆时的进给量

工件材料	表面粗糙度/μm	切削速度 v_c/(m·min^{-1})	刀尖圆弧半径 r_ε/mm		
			0.5	1.0	2.0
			进给量 f/(mm·r^{-1})		
铸铁、青铜、铝合金	Ra10~5	不限	0.25~0.40	0.40~0.50	0.50~0.60
	Ra5~2.5		0.15~0.25	0.25~0.40	0.40~0.60
	Ra2.5~1.25		0.10~0.15	0.15~0.20	0.20~0.35
碳钢及合金钢	Ra10~5	<50	0.30~0.50	0.45~0.60	0.55~0.70
		>50	0.40~0.55	0.55~0.65	0.65~0.70
	Ra5~2.5	<50	0.18~0.25	0.25~0.30	0.30~0.40
		>50	0.25~0.30	0.30~0.35	0.35~0.50
	Ra2.5~1.25	<50	0.10	0.11~0.15	0.15~0.22
		50~100	0.11~0.16	0.16~0.25	0.25~0.35
		>100	0.16~0.20	0.20~0.25	0.25~0.35

附表8 右切圆孔正方形0°法后角单面有V形断屑槽刀片的型号与基本尺寸

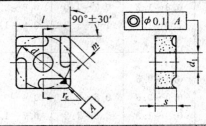

型号	$d=L$		$s\pm0.13$	$d_1\pm0.08$	$r_\varepsilon\pm0.10$	m	
	基本尺寸	偏差				基本尺寸	偏差
SNMM090304R－A2	9.525	U±0.08 M±0.05	3.18	3.81	0.4	1.008	±0.13
SNMM090308R－A2					0.8	1.644	±0.08
SNMM120408R－A2	12.70	U±0.13 M±0.08	4.76	5.16	0.8	2.301	±0.20
SNMM120408R－A3							
SNMM120412R－A3					1.2	2.137	±0.13
SNMM150608R－A3	15.875	U±0.18 M±0.10	6.35	6.35	0.8	2.959	±0.27
SNMM150608R－A4							
SNMM150412R－A4					1.2	2.795	±0.15
SNMM190612R－A4	19.05	U±0.18 M±0.10	6.35	7.93	1.2	3.452	±0.27
SNMM190612R－A5							
SNMM190616R－A5					1.6	3.288	±0.15

附表 9 普通车床联系尺寸

mm

机床型号	顶尖距离	中心高	加工最大直径 在床面以上	加工最大直径 在横刀架以上	加工最大直径 在溜板以上	刀具支持面至主轴中心线高度	刀架最大行程 纵向	刀架最大行程 横向	刀架最大行程 小刀架	小刀架回转角	最大横向移动量	尾架 套筒移动量	尾架 莫氏锥度号数
C615	750	155	320	150	—	16	700	190	85	±45°	±12	85	3
C616	500 750	160	320	175	—	20	500 850	195 210	100	±45°	±10	95	4
CM6132	750	160	320	160	175	20	750	280	100	±60°	±6	100	3
C618-1	750 650	180	360 380	200	240	23	650 600	180	95	±45°	±10	100	4
C618-2	750 650	180	360 380	200	240	23	650 600	180	95	±60°	±10	100	4
C618K	850	180	360	210	—	20	870	200	90	±45°	±10	120	3
C620	1000 1500	200	410	210	—	25	1400	250 280	100	±45°	±15	150	4
C620-1	1000 1500	200	400	210	—	25	900 1400	280	100	±45°	±15	150	4
CA6140	1000 1500	200	410	210	—	25	1400	250 280	100	±45°	±15	150	4
CM6150	1000	260	500	300	280	25	950	315	120	±45°	±10	180	5
C630	1500 3000	300	615	345	—	32.5	1310 2810	390	200	±60°	±15	205	5
C640	2800	400	800	450	—	45	2800	620	240	±90°	±15	300	5
C650	3000	500	1020	645	730	40	2410	710	横200 纵500	±60°	±25	300	6

注：凡框中有两个数字的，系不同厂生产同一型号产品的有关参数

附表10　拉刀前角 γ_o

工件材料	钢			灰铸铁		一般黄铜 可锻铸铁	铜、铝和镁合金、巴氏合金	青铜 铝黄铜
硬度 HBS	≤197	198~229	>229	≤180	>180	—	—	—
前角 γ_o	16°~18°	15°	10°~12°	8°~10°	6°	10°	20°	5°

附表11　拉刀后角 α_o 和刃带 $b_{\alpha 1}$　　　mm

拉刀类型		粗切齿		精切齿		校准齿	
		α_o	b_α	α_o	b_α	α_o	b_α
圆孔拉刀		2°30′+1°	≤0.1	2°+30′	0.1~0.2	1°+30′	0.2~0.3
花键拉刀		2°30′+1°	0.05~0.15	2°+30′	0.1~0.2	1°+30′	0.2~0.3
键槽拉刀		3°+1°	0.1~0.2	2°+30′	0.2~0.3	1°+30′	0.4
外拉刀	不可调式	4°+1°		2°30′+30′		1°30′+30′	
	可调式	5°+1°		3°+1°		1°30′+30′	

附表12　圆孔拉刀允许总长度　　　mm

拉刀直径 d_o	12~15	>15~20	>20~25	>25~30	>30~50	>50
拉刀总长度 L_o	600	800	1 000	1 200	1 300	1 600

附表13　拉床的联系尺寸　　　mm

联系尺寸	机床名称					
	立式内拉床	立式单溜板外拉床	立式双溜板外拉床	卧式内拉床	卧式内拉床	卧式内拉床
	机床型号					
	CS—303	L710	L5240	L610	L6120—1	L640
工作台面尺寸	300×600	450×450	600×600			
工作台最大行程		125	160			
工作台(或支承端板)孔径	120			150	200	260
花盘孔径				100	130	180
溜板工作面尺寸		400×1 500	500×1 900			
溜板最大行程		1 000	1 250			
溜板工作面至工作台端面距离		153~167	193~270			
额定拉力/kN	200	100	200	100	200	400

附表14 刀具内孔与心轴及键槽尺寸和公差(参考)   mm

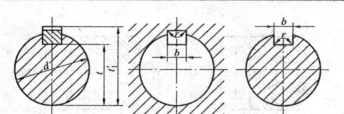

d	b	l 尺寸	偏差	t'_1 尺寸	偏差	r 尺寸	偏差	r_1 尺寸	偏差
8	2	6.7		8.9					
10	3	8.2		11.5		0.4	0 −0.10	0.16	0 −0.08
13		11.2	0 −0.10	14.6	+0.10 0				
16	4	13.2		17.7		0.6	0 −0.20		
19	5	15.6		21.1		1.0			
22	6	17.6		24.1				0.25	0 −0.09
27	7	22.0		29.8			0 −0.30		
32	8	27.0		34.8		1.2			
40	10	34.5		42.5					
50	12	44.5	0 −0.20	53.5	+0.20 0	1.6		0.40	0 −0.15
60	14	54.0		64.2			0 −0.50		
70	16	63.5		75.0		2.0			
80	18	73.0		85.5					
100	25	91.0		107.0		2.5		0.60	0 −0.20

公差：d——孔径。H6、H7；心轴 h5、h6
　　　b——键槽宽。C11；心轴键槽，松配合：H9；紧配合：N9；键：h9。
注：对宽度小于和等于5 mm的盘铣刀，为了避免淬火裂纹，可适当增大r和t'_1

附表15 刀具中心孔尺寸   mm

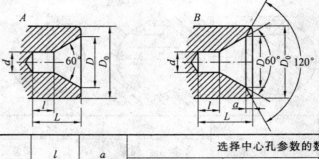

d	D(不大于)	L	l(不小于)	a≈	选择中心孔参数的数据		
					轴端部最小直径 D_0	轴最大直径 D_1	工件的最大质量/kg
0.5	1	1	0.5	0.2	2	2~3.5	—
0.7	2	2	1	0.3	3.5	3.5~4	—
1	2.5	2.5	1.5	0.4	4	4~7	—
1.5	4	4	1.8	0.6	6.5	7~10	15
2	5	5	2.4	0.8	8	10~18	120
2.5	6	6	3	0.8	10	18~30	200
3	7.5	7.5	3.6	1	12	30~50	500
4	10	10	4.8	1.2	15	50~80	800
5	12.5	12.5	6	1.5	20	80~120	1000
6	15	15	7.2	1.8	25	120~180	1500
8	20	20	9.6	2	30	180~220	2000
12	30	30	14	2.5	42	220~260	3000

注：1.选用中心孔时，应优先采用国标GB/T 145—2001，如果GB/T 145—2001不能满足工具精度要求时，则可采用此表中数据
2.中心孔的粗糙度，按其用途自行规定

附表16 铲床常用凸轮升距(铲背量)   mm

Ⅰ型												
K	2	2.5	3	3.5	4	4.5	5	5.5				
K_1	3	4	4.5	5.5	6	7	7.5	8.5				
K	6	6.5	7	8	9	10	11	12				
K_1	9	10	10.5	12	13.5	15	16.5	18				
Ⅱ型												
K	2	2.5	3	3.5	4	4.5	5	5.6	6	6.5	7	8	9	10	12
K_2	0.6~0.7				0.7~0.8				0.8~0.9						

附表17 刀具内孔空刀尺寸

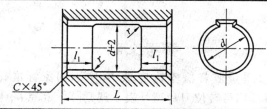

基本尺寸 d	13	16	19	22	27	32	40	50	60 以上
基本尺寸 L					l_1				
22	5	6	7	7	8	8			
24	6	7	7	8	8	8	8		
26	6	7	7	9	9	9	10		
28	6	7	7	9	9	9	11		
30	7	8	9	9	10	10	11	12	
35	7	8	9	9	10	11	12	13	
40	8	9	9	10	11	12	13	14	
45	9	10	10	11	12	13	14	15	
50	9	11	11	12	13	14	15	16	18
55	10	11	11	12	14	15	16	18	20
60	11	12	12	13	15	16	18	18	20
65	12	13	13	14	15	18	18	20	22
70		14	14	15	16	18	20	20	22
75		15	15	16	18	18	20	22	24
80		15	15	16	18	20	22	24	26
85			16	18	20	20	24	25	27
90			16	18	20	22	24	25	27
95				20	20	22	25	26	27
100				20	22	24	26	28	30
110				22	22	25	28	30	32
120				22	24	28	30	32	34
130					26	30	32	35	37
140					28	32	34	38	40
150					30	32	36	40	42
160						34	38	42	44
170						36	40	44	48
180						38	42	46	50
190							44	48	52
200							46	50	54
210								52	56
220								55	60
230								58	62
240								60	65
250								62	68

参考文献

[1] 中华人民共和国国家质量监督检验检疫总局,中国国家标准化管理委员会.GB/T 2076—2007 切削刀具用可转位刀片型号表示规则[S].北京:中国标准出版社,2007.

[2] 中华人民共和国国家质量监督检验检疫总局,中国国家标准化管理委员会.GB/T 2078—2007 带圆角圆孔固定的硬质合金可转位刀片尺寸[S].北京:中国标准出版社,2007.

[3] 中华人民共和国国家质量监督检验检疫总局,中国国家标准化管理委员会.GB/T 2080—2007 带圆角沉孔固定的硬质合金可转位刀片尺寸[S].北京:中国标准出版社,2007.

[4] 丁儒林.金属切削刀具课程设计指导书与图册[M].哈尔滨:哈尔滨工业大学出版社,1991.

[5] 韩荣第.金属切削原理与刀具[M].4版.哈尔滨:哈尔滨工业大学出版社,2013.

[6] 刘华明.金属切削刀具设计简明手册[M].北京:机械工业出版社,1995.

[7] 《重型切削实用技术手册》编写组.重型切削实用技术手册[M].北京:机械工业出版社,1994.

[8] 袁哲俊,刘华明.金属切削刀具设计手册[M].北京:机械工业出版社,2008.

[9] 楼希翱,薄化川.拉刀设计与应用[M].北京:机械工业出版社,1990.

[10] 中华人民共和国国家质量监督检验检疫总局,中国国家标准化管理委员会.GB/T 3832—2008 拉刀柄部[S].北京:中国标准出版社,2008.